DÉSOBÉIR AUX LOIS

De la désobéissance civile ou de la résistance au gouvernement

HENRY DAVID THOREAU

Suivi de L'ANARCHIE par E. Malatesta

TABLE DES MATIÈRES

DE LA DÉSOBÉISSANCE CIVILE   1
Henry David Thoreau

L'ANARCHIE   33
Enrico Malatesta

"Je crois que nous devrions être hommes d'abord et sujets ensuite"

— H. D. THOREAU

Dans ce texte resté célèbre, Henry David Thoreau ne se définit pas lui-même comme un anarchiste. Ainsi, écrit-il, « au contraire de ceux qui se disent anarchistes, je ne demande pas d'emblée « point de gouvernement », mais d'emblée un meilleur gouvernement. » Pourtant, la pensée de Thoreau est très souvent citée comme relevant de l'anarchie, et nombreux sont ceux, comme Gandhi ou Martin Luther King qui se prévalurent à sa suite des aspects libertaires de son oeuvre. Il faut dire en effet, et c'est précisément sur ce point que cette édition attire l'attention du lecteur, qu'il existe nombre de points communs entre la pensée de Thoreau et celle de Malatesta, figure intellectuelle du mouvement libertaire et théoricien de l'anarchie politique. Nous y retrouvons par exemple le rejet de la dictature de la majorité, le devoir de résister aux lois injustes ou encore la dénonciation des violences exercée par l'Etat. Henry David Thoreau était-il de ce fait un anarchiste ? La lecture de ces deux textes fournira sans nul doute des éléments de réponse.

DE LA DÉSOBÉISSANCE CIVILE

Henry David Thoreau

— 1849 —

 De grand cœur, j'accepte la devise : « *Le gouvernement le meilleur est celui qui gouverne le moins* » et j'aimerais la voir suivie de manière plus rapide et plus systématique. Poussée à fond, elle se ramène à ceci auquel je crois également : « *que le gouvernement le meilleur est celui qui ne gouverne pas du tout* » et lorsque les hommes y seront préparés, ce sera le genre de gouvernement qu'ils auront. Tout gouvernement n'est au mieux qu'une « utilité » mais la plupart des gouvernements, d'habitude, et tous les gouvernements, parfois, ne se montrent guère utiles. Les nombreuses objections - et elles sont de taille - qu'on avance contre une armée permanente méritent de prévaloir ; on peut aussi finalement les alléguer contre un gouvernement permanent. L'armée permanente n'est que l'arme d'un gouvernement permanent. Le gouvernement lui-même - simple intermédiaire choisi par les gens pour exécuter leur volonté -, est également susceptible d'être abusé et perverti avant que les gens puissent agir par lui. Témoin en ce moment la guerre du Mexique, œuvre d'un groupe relativement restreint d'individus qui se servent du gouvernement permanent comme d'un outil ; car au départ, jamais les gens n'auraient consenti à cette entreprise.

Le gouvernement américain - qu'est-ce donc sinon une tradition, toute récente, qui tente de se transmettre intacte à la postérité, mais perd à chaque instant de son intégrité ? Il n'a ni vitalité ni l'énergie d'un seul homme en vie, car un seul homme peut le plier à sa volonté. C'est une sorte de canon en bois que se donnent les gens. Mais il n'en est pas moins nécessaire, car il faut au peuple des machineries bien compliquées - n'importe lesquelles pourvu qu'elles pétaradent - afin de répondre à l'idée qu'il se fait du gouvernement. Les gouvernements nous montrent avec quel succès on peut imposer aux hommes, et mieux, comment ceux-ci peuvent s'en imposer à eux-mêmes, pour leur propre avantage. Cela est parfait, nous devons tous en convenir. Pourtant, ce gouvernement n'a jamais de lui-même encouragé aucune entreprise, si ce n'est par sa promptitude à s'esquiver. Ce n'est pas lui qui garde au pays sa liberté, ni lui qui met l'Ouest en valeur, ni lui qui instruit. C'est le caractère inhérent au peuple américain qui accomplit tout cela et il en aurait fait un peu plus si le gouvernement ne lui avait souvent mis des bâtons dans les roues. Car le gouvernement est une «utilité» grâce à laquelle les hommes voudraient bien arriver à vivre chacun à sa guise, et, comme on l'a dit, plus il est utile, plus il laisse chacun des gouvernés vivre à sa guise. Le commerce et les affaires s'ils n'avaient pas de ressort propre, n'arriveraient jamais à rebondir par-dessus les embûches que les législateurs leur suscitent perpétuellement et, s'il fallait juger ces derniers en bloc sur les conséquences de leurs actes, et non sur leurs intentions, ils mériteraient d'être classés et punis au rang des malfaiteurs qui sèment des obstacles sur les voies ferrées.

Mais pour parler en homme pratique et en citoyen, au contraire de ceux qui se disent anarchistes, je ne demande pas d'emblée « point de gouvernement », mais d'emblée un meilleur gouvernement. Que chacun fasse connaître le genre de gouvernement qui commande son respect et ce sera le premier pas pour l'obtenir. Après tout, la raison pratique pour laquelle, le pouvoir une fois aux mains du peuple, on permet à une majorité de régner continûment sur une longue période ne tient pas tant aux chances qu'elle a d'être dans le vrai, ni à l'apparence de justice offerte à la minorité, qu'à la prééminence de sa force physique. Or un gouvernement, où la majorité règne dans tous les cas, ne peut être fondé sur la justice, même telle que les hommes l'entendent. Ne peut-il exister de gouvernement où ce ne seraient pas les majorités qui trancheraient du bien ou du mal, mais la conscience ? Où les majorités ne trancheraient que des questions justiciables de la règle d'opportunité ? Le citoyen doit-il jamais un instant abdiquer sa conscience au législateur ? À quoi bon la conscience individuelle alors ? Je crois que nous devrions être hommes d'abord et sujets ensuite. Il n'est pas souhaitable de cultiver le même respect pour la loi et pour le bien. La seule obligation qui m'incombe est de faire bien. On a dit assez justement qu'un groupement d'hommes n'a pas de conscience, mais un groupement d'hommes consciencieux devient un groupement doué de conscience. La loi n'a jamais rendu les hommes un brin plus justes, et par l'effet du respect qu'ils lui témoignent les gens les mieux intentionnés se font chaque jour les commis de l'injustice. Le résultat courant et naturel d'un respect indu pour la loi, c'est qu'on peut voir une file de militaires, colonel, capitaine, caporal et simples soldats, enfants de troupe et toute la clique, marchant au combat par monts et par vaux dans un ordre admirable contre leur gré, que dis-je ? contre leur bon sens et contre leur conscience, ce qui rend cette marche fort âpre en vérité et éprouvante pour le cœur. Ils n'en doutent pas le moins du monde : c'est une vilaine affaire que celle où ils sont engagés. Ils ont tous des dispositions pacifiques. Or, que sont-ils ? Des hommes vraiment ? Ou bien des petits fortins, des magasins ambulants au service d'un personnage sans scrupules qui détient le pouvoir ? Visitez l'Arsenal de la Flotte et arrêtez-vous devant un fusilier marin, un de ces hommes comme peut en fabriquer le gouvernement américain ou ce qu'il peut faire d'un homme avec sa magie noire ; ombre réminiscente de l'humanité, un homme debout vivant dans son suaire et déjà, si l'on peut dire, enseveli sous les armes, avec les accessoires funéraires, bien que peut-être

> *Ni tambour, ni musique alors n'accompagnèrent*
> *Sa dépouille, au rempart emmenée au galop ;*
> *Nulles salves d'adieu, de même, n'honorèrent*
> *La tombe où nous avions couché notre héros*

La masse des hommes sert ainsi l'État, non point en humains, mais en machines avec leur corps. C'est eux l'armée permanente, et la milice, les geôliers, les gendarmes, la force publique, etc. La plupart du temps sans exercer du tout leur libre jugement ou leur sens moral ; au contraire, ils se ravalent au niveau du bois, de la terre et des pierres et on doit pouvoir fabriquer de ces automates qui rendront le même service. Ceux-là ne commandent pas plus le respect qu'un bonhomme de paille ou une motte de terre. Ils ont la même valeur marchande que des chevaux et des chiens. Et pourtant on les tient généralement pour de bons citoyens. D'autres, comme la plupart des législateurs, des politiciens, des juristes, des ministres et des fonctionnaires, servent surtout l'État avec leur intellect et, comme ils font rarement de distinctions morales, il arrive que sans le vouloir, ils servent le Démon aussi bien que Dieu. Une élite, les héros, les patriotes, les martyrs, les réformateurs au sens noble du terme, et des hommes, mettent aussi leur conscience au service de l'État et en viennent forcément, pour la plupart à lui résister. Ils sont couramment traités par lui en ennemis. Un sage ne servira qu'en sa qualité d'homme et ne se laissera pas réduire à être « la glaise » qui « bouche le trou par où soufflait le vent » ; il laisse ce rôle à ses cendres pour le moins.

> *Je suis de trop haut lieu pour me laisser approprier*
> *Pour être un subalterne sous contrôle*
> *Le valet et l'instrument commode*
> *D'aucun État souverain de par le monde*

Celui qui se voue corps et âme à ses semblables passe à leurs yeux pour un bon à rien, un égoïste, mais celui qui ne leur voue qu'une parcelle de lui-même est salué des titres de bienfaiteur et philanthrope. Quelle attitude doit adopter aujourd'hui un homme face au gouvernement américain ? Je répondrai qu'il ne peut sans déchoir s'y associer. Pas un instant, je ne saurais reconnaître pour mon gouvernement cette organisation politique qui est aussi le gouvernement de l'esclave. Tous les hommes reconnaissent le droit à la révolution, c'est-à-dire le droit de refuser fidélité et allégeance au gouvernement et le droit de lui résister quand sa tyrannie ou son incapacité sont notoires et intolérables. Il n'en est guère pour dire que c'est le cas maintenant. Mais ce l'était, pense-t-on, à la Révolution de 1775. Si l'on venait me dire que le gouvernement d'alors était mauvais, parce qu'il taxait certaines denrées étrangères entrant dans ses ports, il y aurait gros à parier que je m'en soucierais comme d'une guigne, car je peux me passer de ces produits-là. Toutes les machines ont leur friction et peut-être celle-là fait-elle assez de bien pour contrebalancer le mal. En tout cas, c'est une belle erreur de faire tant d'embarras pour si peu. Mais quand la friction en arrive à avoir sa machine et que l'oppression et le vol sont organisés, alors je dis « débarrassons-nous de cette machine ». En d'autres termes, lorsqu'un sixième de la population d'une nation qui se prétend le havre de la liberté est composé d'esclaves, et que tout un pays est injustement envahi et conquis par une armée étrangère et soumis à la loi martiale, je pense qu'il n'est pas trop tôt pour les honnêtes gens de se soulever et de passer à la révolte. Ce devoir est d'autant plus impérieux que ce n'est pas notre pays qui est envahi, mais que c'est nous l'envahisseur. Paley qui fait généralement autorité en matière de morale, dans son chapitre intitulé « Sur le devoir de la soumission au Gouvernement civil », ramène toute obligation civique à une formule d'opportunisme et il poursuit

> « Aussi longtemps que l'intérêt de toute la société l'exige, c'est-à-dire tant qu'on ne peut résister au gouvernement établi ou le changer sans troubler l'ordre public, la volonté de Dieu est d'obéir au gouvernement établi et de ne plus... »

Ce principe, une fois admis, la justice de chaque cas particulier de résistance se réduit à une évaluation de l'importance du danger et du grief d'une part, et de la probabilité et du prix de la réforme d'autre part. « Sur ce point, dit-il, chacun est juge. » Mais Paley semble n'avoir jamais envisagé de cas auxquels la règle d'opportunisme n'est pas applicable, où un peuple aussi bien qu'un individu doit faire justice, à tout prix. Si j'ai injustement arraché une planche à l'homme qui se noie, je dois la lui rendre au risque de me noyer. Ceci, selon Paley, serait inopportun. Mais celui qui, dans un tel cas, voudrait sauver sa vie, la perdrait. Ce peuple doit cesser de maintenir l'esclavage et de porter la guerre au Mexique, même au prix de son existence nationale. Dans la pratique, les nations sont d'accord avec Paley, mais y a-t-il quelqu'un pour penser que le Massachusetts agisse en toute justice dans la conjoncture actuelle ?

> *Dans ses brocards de pute, un État qui tapine*
> *La traîne portée haut, et l'âme à la sentine.*

En langage clair, ce n'est pas la kyrielle de politiciens du Sud qui s'oppose à une réforme au Massachusetts, mais la kyrielle de marchands et de fermiers qui s'intéressent davantage au commerce et à l'agriculture qu'à l'humanité et qui ne sont nullement prêts à rendre justice à l'esclave et au Mexique, à tout prix. Je ne cherche pas querelle à des ennemis lointains mais à ceux qui, tout près de moi, collaborent avec ces ennemis lointains et leur sont soumis : privés d'aide ces gens-là seraient inoffensifs. Nous sommes accoutumés de dire que la masse des hommes n'est pas prête ; mais le progrès est lent, parce que l'élite n'est, matériellement, ni plus avisée ni meilleure que la masse. Le plus important n'est pas que vous soyez au nombre des bonnes gens mais qu'il existe quelque part une bonté absolue, car cela fera lever toute la pâte. Il y a des milliers de gens qui par principe s'opposent à l'esclavage et à la guerre mais qui en pratique ne font rien pour y mettre un terme; qui se proclamant héritiers de Washington ou de Franklin, restent plantés les mains dans les poches à dire qu'ils ne savent que faire et ne font rien ; qui même subordonnent la question de la liberté à celle du libre-échange et lisent, après dîner, les nouvelles de la guerre du Mexique avec la même placidité que les cours de la Bourse et peut-être, s'endorment sur les deux. Quel est le cours d'un honnête homme et d'un patriote aujourd'hui ? On tergiverse, on déplore et quelquefois on pétitionne, mais on n'entreprend rien de sérieux ni d'effectif. On attend, avec bienveillance, que d'autres remédient au mal, afin de n'avoir plus à le déplorer. Tout au plus, offre-t-on un vote bon marché, un maigre encouragement, un « Dieu vous assiste » à la justice quand elle passe. Il y a 999 défenseurs de la vertu pour un seul homme vertueux. Mais il est plus facile de traiter avec le légitime possesseur d'une chose qu'avec son gardien provisoire. Tout vote est une sorte de jeu, comme les échecs ou le trictrac, avec en plus une légère nuance morale où le bien et le mal sont l'enjeu ; les problèmes moraux et les paris, naturellement l'accompagnent. Le caractère des votants est hors-jeu. Je donne mon vote, c'est possible, à ce que j'estime juste ; mais il ne m'est pas d'une importance vitale que ce juste l'emporte. Je veux bien l'abandonner à la majorité. Son urgence s'impose toujours en raison de son opportunité. Même voter pour ce qui est juste, ce n'est rien faire pour la justice. Cela revient à exprimer mollement votre désir qu'elle l'emporte. Un sage n'abandonne pas la justice aux caprices du hasard ; il ne souhaite pas non plus qu'elle l'emporte par le pouvoir d'une majorité. Il y a bien peu de vertu dans l'action des masses humaines. Lorsqu'à la longue la majorité votera pour l'abolition de l'esclavage, ce sera soit par indifférence à l'égard de l'esclavage, soit pour la raison qu'il ne restera plus d'esclavage à abolir par le vote. Ce seront eux, alors, les véritables esclaves. Seul peut hâter l'abolition de l'esclavage, celui qui, par son vote, affirme sa propre liberté. J'entends parler d'une « Convention » prévue à Baltimore ou ailleurs pour choisir un candidat à la Présidence ; cette « Convention » serait principalement constituée de rédacteurs en chef de journaux et de politiciens de carrière ; mais moi, je me dis : qu'importe à un homme indépendant, intelligent et respectable la décision où ils peuvent aboutir ? N'aurons-nous pas quand même le bénéfice de la sagesse et de l'honnêteté de cet homme-là ? Ne pouvons-nous tabler sur des votes indépendants ? Le pays ne compte-t-il pas nombre d'individus qui n'assistent pas aux conventions ? Mais non, je m'aperçois que des hommes honorables, ou soi-disant tels, ont immédiatement dévié de leur position et désespèrent de leur pays, alors que leur pays aurait bien plutôt sujet de désespérer d'eux. Ils adoptent sans tarder un des candidats ainsi choisis comme le seul disponible, prouvant ainsi leur propre disponibilité aux desseins du démagogue. Leur voix n'a pas plus de valeur que celle d'un quelconque étranger sans principes ou d'un Américain qui s'est vendu. Oh ! que ne puis-je trouver un homme, un vrai, comme dit l'autre pas une chiffe qu'on retourne comme un gant ! Nos statistiques sont en défaut : le chiffre de la population a été surfait. Combien d'hommes y a-t-il dans ce pays pour 1 000 m^2 ? À peine un. L'Amérique n'offre-t-elle pas aux hommes la moindre tentation de venir s'y fixer ? L'Américain s'est réduit à n'être qu'un « Membre Affilié » - type reconnaissable à l'hypertrophie de son sens grégaire et à un manque manifeste d'intellect et d'allègre confiance en soi - dont le premier et le principal souci en venant au monde est de veiller à l'entretien des Hospices et - avant même d'avoir endossé comme il se doit la Toge virile - de s'en aller ouvrir une souscription pour le soutien des veuves et des orphelins éventuels ; qui, en un mot, ne s'aventure à vivre que soutenu par sa Compagnie d'Assurances Mutuelles, en échange de la promesse d'un bel enterrement. Ce n'est une obligation pour personne, bien sûr, de se vouer à l'extirpation de tel ou tel mal, aussi criant et injuste soit-il ; on peut très bien se consacrer à d'autres poursuites ; mais qu'au moins on ne s'en lave pas les mains : ne pas accorder à ce mal d'attention soutenue ne veut pas dire qu'il faille lui accorder un appui de fait. Si je me livre à d'autres activités, à d'autres projets, il me faudrait au moins veiller d'abord à ne pas les poursuivre juché sur les épaules d'autrui. Je dois d'abord en descendre pour permettre à mon prochain de poursuivre, lui aussi, ses projets. Voyez quelle grossière ambiguïté on tolère ! J'ai entendu dire à certains de mes compatriotes : « Il ferait beau voir qu'on me mette en demeure d'aider à mater une révolte des esclaves ou de me mobiliser pour le Mexique. Vous verriez si j'irais ! » ; et pourtant, ces mêmes hommes ont chacun directement par leur obéissance, et de la sorte indirectement par leur argent, avancé un remplaçant. Il est applaudi le soldat qui refuse de servir dans une guerre injuste, par ceux-là mêmes qui ne refusent pas de servir le gouvernement injuste qui fait la guerre ; il est applaudi par ceux-là mêmes dont il dédaigne et réduit à néant l'autorité ; comme si l'État devenu pénitent allait jusqu'à engager quelqu'un pour se faire fouetter au moment du péché, sans s'arrêter un instant de pécher pour autant. Ainsi, sous le nom d'Ordre et de Gouvernement Civique, nous sommes tous amenés à rendre hommage et allégeance à notre propre médiocrité. On rougit d'abord de son crime et puis on s'y habitue ; et le voilà qui d'immoral devient amoral et non sans usage dans la vie que nous nous sommes fabriquée. L'erreur la plus vaste et la plus répandue exige pour la soutenir la vertu la plus désintéressée. Le léger reproche auquel se prête d'habitude la vertu de patriotisme, ce sont les âmes nobles qui sont les plus susceptibles de l'encourir. Les gens qui, tout en désapprouvant le caractère et les mesures d'un gouvernement, lui concèdent leur obéissance et leur appui sont sans conteste ses partisans les plus zélés et par là, fréquemment, l'obstacle le plus sérieux aux réformes. D'aucuns requièrent l'État de dissoudre l'Union, de passer outre aux injonctions du Président. Pourquoi ne pas la dissoudre eux-mêmes - l'union entre eux et l'État - en refusant de verser leur quote-part au Trésor ? N'ont-ils pas vis-à-vis de l'État la même relation que l'État vis-à-vis de l'Union ? Et les mêmes raisons qui les ont empêchés de résister à l'Union, ne les ont-elles pas empêchés de résister à l'État ? Comment peut-on se contenter d'avoir tout bonnement une opinion et se complaire à ça ? Quel plaisir peut-on trouver à entretenir l'opinion qu'on est opprimé ? Si votre voisin vous refait, ne serait-ce que d'un dollar, vous ne vous bornez pas à constater, à proclamer qu'il vous a roulé, ni même à faire une pétition pour qu'il vous restitue votre dû ; vous prenez sur le champ des mesures énergiques pour rentrer dans votre argent et vous assurer contre toute nouvelle fraude. L'action fondée sur un principe, la perception et l'accomplissement de ce qui est juste, voilà qui change la face des choses et des relations ; elle est révolutionnaire par essence, elle n'a aucun précédent véritable. Elle ne sème pas seulement la division dans les États et les Églises, mais aussi dans les familles ; bien plus, elle divise l'individu, séparant en lui le diabolique du divin. Il existe des lois injustes : consentirons-nous à leur obéir ? Tenterons-nous de les amender en leur obéissant jusqu'à ce que nous soyons arrivés à nos fins - ou les transgresserons-nous tout de suite ? En général, les hommes, sous un gouvernement comme le nôtre, croient de leur devoir d'attendre que la majorité se soit rendue à leurs raisons. Ils croient que s'ils résistaient, le remède serait pire que le mal ; mais si le remède se révèle pire que le mal, c'est bien la faute du gouvernement. C'est lui le responsable. Pourquoi n'est-il pas plus disposé à prévoir et à accomplir des réformes ? Pourquoi n'a-t-il pas d'égards pour sa minorité éclairée ? Pourquoi pousse-t-il les hauts cris et se défend-il avant qu'on le touche ? Pourquoi n'encourage-t-il pas les citoyens à rester en alerte pour lui signaler ses erreurs et améliorer ses propres décisions ? Pourquoi crucifie-t-il toujours le Christ - pourquoi excommunie-t-il COPERNIC et LUTHER et dénonce-t-il WASHINGTON et FRANKLIN comme rebelles ? On dirait que le refus délibéré et effectif de son autorité est le seul crime que le gouvernement n'ait jamais envisagé, sinon pourquoi n'a-t-il pas mis au point de châtiment défini, convenable et approprié ? Si un homme qui ne possède rien refuse, ne serait-ce qu'une fois, de gagner un dollar au profit de l'État, on le jette en prison pour une durée qu'aucune loi, à ma connaissance, ne définit et qui est laissée à la discrétion de ceux qui l'y ont envoyé ; mais vole-t-il mille fois un dollar à l'État qu'on le relâche aussitôt. Si l'injustice est indissociable du frottement nécessaire à la machine gouvernementale, l'affaire est entendue. Il s'atténuera bien à l'usage - la machine finira par s'user, n'en doutons pas. Si l'injustice a un ressort, une poulie, une corde ou une manivelle qui lui est spécialement dévolue, il est peut-être grand temps de se demander si le remède n'est pas pire que le mal ; mais si, de par sa nature, cette machine veut faire de nous l'instrument de l'injustice envers notre prochain, alors je vous le dis, enfreignez la loi. Que votre vie soit un contre-frottement pour stopper la machine. Il faut que je veille, en tout cas, à ne pas me prêter au mal que je condamne. Quant à recourir aux moyens que l'État a prévus pour remédier au mal, ces moyens-là, je n'en veux rien savoir. Ils prennent trop de temps et la vie d'un homme n'y suffirait pas. J'ai autre chose à faire. Si je suis venu au monde, ce n'est pour le transformer en un lieu où il fasse bon vivre, mais pour y vivre, qu'il soit bon ou mauvais. Un homme n'a pas tout à faire mais quelque chose, et qu'il n'ait pas la possibilité de tout faire ne signifie pas qu'il doive faire quelque chose de mal. Ce n'est pas mon affaire de présenter des pétitions au gouverneur ou au Corps Législatif ; ça n'est pas la leur de m'en présenter non plus, car s'ils ne tiennent pas compte de ma pétition, que devrais-je faire ? Dans ce seul cas, l'État n'a prévu aucun recours : le mal réside dans la Constitution elle-même. Cela peut sembler dur, borné et intransigeant, mais c'est traiter avec la plus extrême bonté et considération le seul esprit qui soit à même de l'apprécier et de la mériter. Il en est ainsi de tous changements en bien, comme la mort et la vie, qui s'opèrent dans les convulsions. Je n'hésite pas à le dire : ceux qui se disent abolitionnistes devraient, sur le champ, retirer tout de bon leur appui, tant dans leur personne que dans leurs biens, au gouvernement du Massachusetts, et cela sans attendre de constituer la majorité d'une voix, pour permettre à la justice de triompher grâce à eux. S'ils écoutent la voix de Dieu ils n'ont nul besoin, me semble-t-il, de compter sur une autre voix. En outre, tout homme qui a raison contre les autres, constitue déjà une majorité d'une voix. Le gouvernement américain ou son représentant, le gouvernement du Massachusetts, je le rencontre directement, et face à face, une fois l'an - pas plus - en la personne de son percepteur ; c'est la seule forme sous laquelle un homme dans ma condition rencontre forcément l'État qui me dit alors clairement : « Reconnais-moi. » Alors, dans ce cas, la manière la plus simple, la plus efficace et, dans la conjoncture actuelle, la manière la plus urgente de traiter avec lui de la question, et d'exprimer la maigre satisfaction et tendresse qu'il nous inspire, c'est de le désavouer sur l'heure. Mon voisin fort civil, le percepteur, est bien l'homme à qui j'ai affaire - car c'est à tout prendre avec des hommes et non avec des parchemins que j'ai querelle - et il a délibérément choisi d'être fonctionnaire. Comment saura-t-il vraiment ce qu'il est et ce qu'il fait en sa qualité de fonctionnaire et en sa qualité d'homme ? Jamais tant qu'il ne sera pas mis en demeure de considérer s'il doit me traiter, moi son voisin respecté, en voisin et en homme bien intentionné, ou bien en fou furieux et en perturbateur de l'ordre public ; tant qu'il ne sera pas forcé de trouver le moyen de surmonter l'obstacle à nos relations amicales sans céder aux pensées et aux paroles discourtoises et violentes qui vont de pair avec ses actes. Je suis convaincu que si un millier, si une centaine, si une dizaine d'hommes que je pourrais nommer - si seulement dix honnêtes gens - que dis-je ? Si un seul HONNÊTE homme cessait, dans notre État du Massachusetts de garder des esclaves, venait vraiment à se retirer de cette confrérie, quitte à se faire jeter dans la prison du Comté, cela signifierait l'abolition de l'esclavage en Amérique. Car peu importe qu'un début soit modeste : ce qui est bien fait au départ est fait pour toujours. Mais nous aimons mieux en discuter - c'est cela que nous appelons notre mission. La réforme entretient à son service des quantités de journaux, mais pas un seul homme. Si mon digne voisin, l'Ambassadeur d'État qui consacre son existence au règlement du problème des droits de l'homme à la Chambre du Conseil, au lieu de se laisser menacer des prisons de la Caroline, devait se présenter en prisonnier du Massachusetts, cet État qui est si anxieux de rejeter sur sa sœur le crime de l'esclavage, encore qu'il ne puisse à ce jour découvrir d'autre grief à l'encontre de celle-ci qu'un acte d'inhospitalité - le corps législatif n'écarterait pas tout à fait le sujet l'hiver prochain. Sous un gouvernement qui emprisonne quiconque injustement, la véritable place d'un homme juste est aussi en prison. La place qui convient aujourd'hui, la seule place que le Massachusetts ait prévue pour ses esprits les plus libres et les moins abattus, c'est la prison d'État. Ce dernier les met dehors et leur ferme la porte au nez. Ne se sont-ils pas mis dehors eux-mêmes, de par leurs principes ? C'est là que l'esclave fugitif et le prisonnier mexicain en liberté surveillée, et l'Indien venu pour invoquer les torts causés à sa race, les trouveront sur ce terrain isolé, mais libre et honorable où l'État relègue ceux qui ne sont pas avec lui, mais contre lui : c'est, au sein d'un État esclavagiste, le seul domicile où un homme libre puisse trouver un gîte honorable. S'il y en a pour penser que leur influence y perdrait et que leur voix ne blesserait plus l'oreille de l'État, qu'ils n'apparaîtraient plus comme l'ennemi menaçant ses murailles, ceux-là ignorent de combien la vérité est plus forte que l'erreur, de combien plus d'éloquence et d'efficacité est doué dans sa lutte contre l'injustice l'homme qui l'a éprouvée un peu dans sa personne même. Donnez tout votre vote, pas seulement un bout de papier, mais toute votre influence. Une minorité ne peut rien tant qu'elle se conforme à la majorité ; ce n'est même pas alors une minorité. Mais elle est irrésistible lorsqu'elle fait obstruction de tout son poids. S'il n'est d'autre alternative que celle-ci : garder tous les justes en prison ou bien abandonner la guerre et l'esclavage, l'État n'hésitera pas à choisir. Si un millier d'hommes devaient s'abstenir de payer leurs impôts cette année, ce ne serait pas une initiative aussi brutale et sanglante que celle qui consisterait à les régler, et à permettre ainsi à l'État de commettre des violences et de verser le sang innocent. Cela définit, en fait, une révolution pacifique, dans la mesure où pareille chose est possible. Si le percepteur ou quelque autre fonctionnaire me demande, comme ce fut le cas : «Mais que dois-je faire ?», je lui réponds : « Si vous voulez vraiment faire quelque chose, démissionnez ! » Quand le sujet a refusé obéissance et que le fonctionnaire démissionne, alors la révolution est accomplie. Même à supposer que le sang coule. N'y a-t-il pas effusion de sang quand la conscience est blessée ? Par une telle blessure s'écoulent la dignité et l'immortalité véritable de la personne humaine qui meurt, vidée de son sang pour l'éternité. Je vois ce sang-là couler aujourd'hui. J'ai envisagé l'emprisonnement de l'offenseur plutôt que la saisie de ses biens - encore que tous deux servent la même fin - parce que ceux qui affirment le droit le plus imprescriptible, et qui par là apparaissent comme les plus dangereux adversaires d'un État corrompu, n'ont pas, d'habitude, passé beaucoup de temps à accumuler des richesses. À ces sortes de gens, l'État rend relativement peu de services et une légère imposition leur apparaît naturellement exorbitante, surtout s'ils sont obligés d'en couvrir les frais par un travail de leurs mains. Si quelqu'un vivait en se passant totalement d'argent, l'État lui-même hésiterait à lui en réclamer. Mais le riche - sans que l'envie me dicte aucune comparaison - est toujours vendu à l'institution qui l'enrichit. En poussant à fond, « plus on a d'argent, moins on a de vertu », car l'argent s'interpose entre un homme et ses objectifs pour les réaliser et il n'a sûrement pas fallu une grande vertu pour s'enrichir ainsi. L'argent met sous le boisseau nombre de questions auxquelles on serait autrement forcé de répondre, alors que la seule question neuve qu'il soulève, abrupte et superflue, c'est « comment le dépenser ». Ainsi le point d'appui moral s'effondre à la base. Les occasions de vivre diminuent en raison de l'augmentation de ce que l'on appelle les «moyens ». La meilleure chose qu'un homme puisse faire pour sa culture, lorsqu'il est devenu riche, c'est d'essayer de réaliser les idéaux qu'il entretenait lorsqu'il était pauvre. Le Christ répondait aux Hérodiens selon leur condition : «Montrez-moi l'argent du tribut », leur dit-il. Et comme l'un d'eux tirait un denier de sa poche : si vous vous servez d'une monnaie qui porte l'effigie de César et auquel César a donné cours et valeur, c'est-à-dire si vous êtes Gens de l'État et bien aises de jouir des avantages du gouvernement de César, alors payez-le dans sa monnaie quand il le réclame : « Rendez donc à César ce qui est à César et à Dieu ce qui est à Dieu », les laissant ainsi guère plus éclairés qu'avant pour saisir la différence, car ils ne désiraient pas la connaître. En m'entretenant avec les plus affranchis de mes concitoyens, je m'aperçois qu'en dépit de tous leurs propos concernant l'importance et la gravité de la question, et leur souci de la tranquillité publique, le fort et le fin de l'affaire c'est qu'ils ne peuvent se passer de la protection du gouvernement en place et qu'ils redoutent les effets de leur désobéissance sur leurs biens ou leur famille. Pour mon compte personnel, il ne me plairait pas de penser que je doive m'en remettre à la protection de l'État ; mais si je refuse l'autorité de l'État lorsqu'il me présente ma feuille d'impôts, il prendra et dilapidera tout mon avoir, me harcelant moi ainsi que mes enfants, à n'en plus finir. Cela est dur, cela enlève à un homme toute possibilité de vivre normalement et à l'aise - j'entends, sur le plan matériel. À quoi bon accumuler des biens quand on est sûr de les voir filer ? Il faut louer quelques arpents, bien s'y installer et ne produire qu'une petite récolte pour la consommation immédiate. On doit vivre en soi, ne dépendre que de soi, et, toujours à pied d'œuvre et prêt à repartir, ne pas s'encombrer de multiples affaires. Un homme peut s'enrichir même en Turquie s'il se montre, à tous égards, le docile sujet du gouvernement turc. CONFUCIUS a dit :

« Si un État est gouverné par les principes de la raison, pauvreté et misère sont des sujets de honte ; si un État n'est pas gouverné par les principes de la raison, richesses et honneurs sont des sujets de honte. »

Non, avant que j'accepte de laisser la protection du Massachusetts s'étendre à ma personne en quelque lointain port du Sud où ma liberté est menacée, avant que je consacre tous mes efforts à édifier une fortune dans le pays par une initiative pacifique, je puis me permettre de refuser au Massachusetts obéissance et droit de regard sur ma propriété et mon existence. Il m'en coûte moins, à tous les sens du mot, d'encourir la sanction de désobéissance à l'État, qu'il ne m'en coûterait de lui obéir. J'aurais l'impression, dans ce dernier cas, de m'être dévalué. Voici quelques années, l'État vint me requérir au nom de l'Église de payer une certaine somme pour l'entretien d'un pasteur dont, au contraire de mon père, je ne suivais jamais les sermons. « Payez, disait-il, ou vous êtes sous les verrous. » Je refusai de payer. Malheureusement, quelqu'un d'autre crut bon de le faire pour moi. Je ne voyais pas pourquoi on devait imposer au maître d'école l'entretien du prêtre et pas au prêtre, celui du maître d'école, car je n'étais pas payé par l'État. Je gagnais ma vie par cotisations volontaires. Je ne voyais pas pourquoi mon établissement ne présenterait pas aussi sa feuille d'impôts en faisant appuyer ses exigences par l'État à l'imitation de l'Église. Toutefois, à la prière du Conseil Municipal, je voulus bien condescendre à coucher par écrit la déclaration suivante :

> « Par le présent acte, je, soussigné Henry Thoreau, déclare ne pas vouloir être tenu pour membre d'une société constituée à laquelle je n'ai pas adhéré. »

Je confiai cette lettre au greffier qui l'a toujours ; l'État ainsi informé que je ne souhaitais pas être tenu pour membre de cette Église, n'a jamais depuis lors réitéré semblables exigences, tout en insistant quand même sur la validité de sa présomption initiale. Si j'avais pu nommer toutes les Sociétés, j'aurais signé mon retrait de chacune d'elles, là où je n'avais jamais signé mon adhésion, mais je ne savais où me procurer une liste complète. Je n'ai payé aucune capitation depuis six ans ; cela me valut de passer une nuit en prison ; tandis que j'étais là à considérer les murs de grosses pierres de deux à trois pieds d'épaisseur, la porte de bois et de fer d'une épaisseur d'un pied et le grillage en fer qui filtrait la lumière, je ne pus m'empêcher d'être saisi devant la bêtise d'une institution qui me traitait comme un paquet de chair, de sang et d'os, bon à être mis sous clef. Je restais étonné de la conclusion à laquelle cette institution avait finalement abouti, à savoir que c'était là le meilleur parti qu'elle pût tirer de moi ; il ne lui était jamais venu à l'idée de bénéficier de mes services d'une autre manière. Je compris que, si un rempart de pierre s'élevait entre moi et mes concitoyens, il s'en élevait un autre, bien plus difficile à escalader ou à percer, entre eux et la liberté dont moi, je jouissais. Pas un instant, je n'eus le sentiment d'être enfermé et les murs me semblaient un vaste gâchis de pierre et de mortier. J'avais l'impression d'être le seul de mes concitoyens à avoir payé l'impôt. De toute évidence, ils ne savaient pas comment me traiter et se comportaient en grossiers personnages. Chaque menace, chaque compliment cachait une bévue ; car ils croyaient que mon plus cher désir était de me trouver de l'autre côté de ce mur de pierre. Je ne pouvais que sourire de leur empressement à pousser le verrou sur mes méditations qui les suivaient dehors en toute liberté, et c'était d'elles, assurément, que venait le danger. Ne pouvant m'atteindre, ils avaient résolu de punir mon corps, tout comme des garnements qui, faute de pouvoir approcher une personne à qui ils en veulent, s'en prennent à son chien. Je vis que l'État était un nigaud, aussi apeuré qu'une femme seule avec ses couverts d'argent, qu'il ne distinguait pas ses amis d'avec ses ennemis, et perdant tout le respect qu'il m'inspirait encore, j'eus pitié de lui. Ainsi l'État n'affronte jamais délibérément le sens intellectuel et moral d'un homme, mais uniquement son être physique, ses sens. Il ne dispose contre nous ni d'un esprit ni d'une dignité supérieurs, mais de la seule supériorité physique. Je ne suis pas né pour qu'on me force. Je veux respirer à ma guise. Voyons qui l'emportera. Quelle force dans la multitude ? Seuls peuvent me forcer ceux qui obéissent à une loi supérieure à la mienne. Ceux-là me forcent à leur ressembler. Je n'ai pas entendu dire que des hommes aient été forcés de vivre comme ceci ou comme cela par des masses humaines - que signifierait ce genre de vie ? Lorsque je rencontre un gouvernement qui me dit : « La bourse ou la vie », pourquoi me hâterais-je de lui donner ma bourse ? Il est peut-être dans une passe difficile, aux abois ; qu'y puis-je ? Il n'a qu'à s'aider lui-même, comme moi. Pas la peine de pleurnicher. Je ne suis pas responsable du bon fonctionnement de la machine sociale. Je ne suis pas le fils de l'ingénieur. Je m'aperçois que si un gland et une châtaigne tombent côte à côte, l'un ne reste pas inerte pour céder la place à l'autre ; tous deux obéissent à leurs propres lois, germent, croissent et prospèrent de leur mieux, jusqu'au jour où l'un, peut-être, étendra son ombre sur l'autre et l'étouffera. Si une plante ne peut vivre selon sa nature, elle dépérit ; un homme de même. La nuit en prison fut une expérience nouvelle et non dénuée d'intérêt. Les prisonniers, en manches de chemise, bavardaient en prenant l'air sur le pas de la porte, le soir où j'y entrais. Le geôlier dit alors : « Allons les gars, c'est l'heure de mettre le verrou. » Sur quoi, ils s'égaillèrent et j'entendis le bruit de leurs pas qui regagnaient leur caverneuse demeure. Le geôlier me présenta mon compagnon de cellule comme un « très brave garçon et un homme capable ». Quand la porte fut verrouillée, celui-ci me montra où accrocher mon chapeau, et comment on se débrouillait là. Les cellules étaient blanchies à la chaux, une fois par mois, et pour ce qui est de la mienne, c'était sans doute la demeure de la ville la plus blanche, la plus simplement meublée et probablement la mieux tenue. Cet homme voulut, bien sûr, savoir d'où je venais et ce qui m'avait amené là ; et lorsque je le lui eus dit, je lui demandai à mon tour à quelles circonstances il devait d'être là, présumant, naturellement, que je me trouvais en face d'un honnête homme; et le monde étant ce qu'il est, je crois que j'avais raison : «Oh moi ! dit-il, on m'accuse d'avoir incendié une grange, mais ce n'est pas vrai. »Autant que je pus en juger, il avait dû s'en aller dormir dans une grange, en état d'ivresse, et là s'était mis à fumer la pipe ; c'est ainsi qu'une grange brûla. Il avait la réputation d'être un homme capable, attendait depuis trois mois de passer en jugement, et son attente devait se prolonger d'autant ; mais il se sentait chez lui et, satisfait d'être nourri et logé gratis, il s'estimait fort bien traité. Il occupait une fenêtre, moi l'autre ; et je vis que si l'on restait là un bout de temps, on s'occupait principalement à regarder par la fenêtre. J'eus bientôt parcouru toutes les brochures qui traînaient là et j'examinai les endroits par où mes prédécesseurs s'étaient échappés ; un barreau avait été scié et j'appris l'histoire des divers occupants de cette cellule, car je m'aperçus que, même en ces lieux, il y avait une histoire et des ragots qui ne franchissaient jamais les murs de la prison. C'est probablement la seule résidence de la ville où l'on compose des vers, imprimés ensuite sous forme de circulaire, mais sans publication. On me montra une longue série de poèmes composés par des jeunes gens qui avaient été surpris en pleine tentative d'évasion et qui s'étaient vengés par des chansons. Je fis parler mon compagnon de cellule tant et plus de peur de ne jamais le revoir ; mais il finit par me désigner mon lit et me laissa le soin de souffler la lampe. Dormir là une seule nuit, c'était voyager dans un lointain pays que je n'aurais jamais cru devoir visiter. Il me semblait que je n'avais jamais entendu sonner l'horloge de la ville ni retentir, le soir, les bruits du village, car nous dormions fenêtres ouvertes, les grilles étant à l'extérieur. C'était voir mon village natal sous un jour moyenâgeux, et la Concorde, notre rivière, devenait un fleuve rhénan tandis que des visions de chevaliers et de châteaux-forts défilaient sous mes yeux. C'était les voix d'anciens « burghers » que j'entendais dans les rues. J'étais le spectateur et l'auditeur impromptu de tout ce qui se passait et se disait à la cuisine de l'auberge mitoyenne - expérience absolument neuve et rare pour moi. J'observais ma ville natale de plus près. J'y étais de plain-pied. Jamais, auparavant, je n'avais vu ses institutions. La prison est une de ses institutions particulières, car c'est une capitale de Comté. Je commençais à comprendre à quoi s'occupaient les habitants. Au matin, on nous passa le petit déjeuner à travers une ouverture pratiquée dans la porte ; nous avions de petites gamelles en fer-blanc, d'une forme oblongue très étudiée, et qui contenaient un demi-litre de chocolat, du pain noir et une cuiller en fer. Lorsqu'on réclama les récipients, j'allais, en novice que j'étais, remettre mon reste de pain ; mais mon camarade s'en saisit, en disant que « je devais le garder pour déjeuner ou dîner ». Peu après, on le fit sortir pour travailler aux foins dans un champ tout proche où il se rendait chaque jour ; il n'en revenait pas avant midi ; aussi me souhaita-t-il le bonjour en disant qu'il ne savait guère s'il me reverrait. Une fois sorti de prison - car quelqu'un s'en mêla et paya cet impôt - je ne vis pas que de grands changements se fussent produits en place publique, comme il advint à ce personnage qui, parti jeune homme, réapparut chancelant et tête chenue ; et cependant sous mes yeux s'était opérée dans ce décor - la ville, l'État, le pays - une transformation plus grande que le simple écoulement du temps n'aurait pu l'effectuer. J'évaluai dans quelle mesure je pouvais me fier aux gens de mon milieu, mes bons voisins et amis ; leur amitié n'était que pour la belle saison ; ils ne mettaient pas leur point d'honneur à bien agir, ils appartenaient, de par leurs préjugés et leurs superstitions, à une race aussi différente de la mienne que les Chinois et les Malais ; en se donnant aux autres, ils ne couraient pas le risque de se perdre eux, ni même leurs possessions ; après tout, ils avaient si peu de noblesse, qu'ils traitaient le voleur comme celui-ci les avait traités ; et ils espéraient, grâce à une certaine observance de surface et à quelques prières, grâce à un effort intermittent pour suivre une voie rectiligne toute tracée, encore qu'inutile, sauver leur âme. C'est peut-être porter un jugement bien sévère sur mes voisins, car je crois que la plupart ignorent l'existence d'une institution comme la prison dans leur village. C'était autrefois la coutume chez nous, lorsqu'un pauvre débiteur sortait de prison, que ses relations vinssent le saluer, en le regardant à travers leurs doigts croisés pour figurer la grille d'une fenêtre de prison. « Comment va ? » Mes voisins n'allèrent pas si loin, mais après m'avoir regardé, ils échangèrent des regards entendus, comme si j'étais de retour d'un long voyage. On m'avait conduit en prison alors que je me rendais chez le cordonnier pour y chercher une chaussure en réparation. Libéré le lendemain matin, j'allais finir ma course et ayant enfilé ma chaussure ressemelée, je rejoignis un groupe qui partait aux airelles, fort impatient de s'en remettre à ma direction ; une demi-heure plus tard car le cheval fut bientôt harnaché - je me trouvais en plein champ d'airelles sur l'une de nos plus hautes collines, à plus de trois kilomètres, et de là on ne voyait l'État nulle part. C'est là toute la chronique de «Mes prisons». Je n'ai jamais refusé de payer la taxe de voirie, parce que je suis aussi désireux d'être bon voisin que je le suis d'être mauvais sujet ; et quant à l'entretien des écoles, je contribue présentement à l'éducation de mes concitoyens. Ce n'est pas sur un article spécial de la feuille d'impôts que je refuse de payer. Je désire simplement refuser obéissance à l'État, me retirer et m'en désolidariser d'une manière effective. Je ne me soucie point de suivre mon dollar à la trace - si cela se pouvait - tant qu'il n'achète pas un homme ou un fusil pour tirer sur quelqu'un - le dollar est innocent - mais il m'importe de suivre les effets de mon obéissance. En fait, je déclare tranquillement la guerre à l'État, à ma manière à moi, mais bien décidé à tirer tout le parti possible de cet état de choses : à la guerre comme à la guerre. S'il en est pour payer l'impôt qu'on me réclame, par solidarité envers l'État, ils ne font que continuer sur leur lancée, et même ils favorisent l'injustice dans une plus large mesure que l'État ne le requiert. S'ils paient l'impôt par suite d'un intérêt mal compris pour le contribuable, pour sauvegarder ses biens ou lui éviter la prison, c'est qu'ils n'ont pas eu la sagesse d'envisager le tort considérable que leurs sentiments personnels causent au bien public. Telle est donc ma position pour le moment. Mais on ne saurait trop rester sur ses gardes en pareil cas, pour éviter que l'entêtement ou le respect indu pour l'opinion du monde ne déforme nos actes. Veillons à ne faire que ce qui nous convient personnellement a un moment donné. Parfois, je pense : «Mais quoi ! Ces gens croient bien faire, ils ne sont qu'ignorants ; ils agiraient mieux, s'ils savaient. Pourquoi donner à votre prochain la peine de vous traiter à l'encontre de ses inclinations ? » Mais en y réfléchissant, je ne vois pas pourquoi je ferais comme eux, pourquoi je laisserais mon prochain endurer une peine plus grande dans un autre genre. Et puis, je me dis aussi parfois : « lorsque des millions de gens sans emportement, sans hargne, sans intention aucune, ne réclament de vous qu'une somme modique, sans pouvoir - ainsi le veut leur constitution - annuler ni modifier leur exigence actuelle et sans que vous ayez de votre côté le pouvoir d'en appeler à d'autres millions de gens, pourquoi s'exposer au déferlement d'une force aveugle ? On ne résiste pas à la soif et à la faim, aux vents et aux marées avec cet entêtement ; on se soumet tout bonnement à mille nécessités analogues. On ne se jette pas dans la gueule du loup.» Mais dans la mesure où cette force ne m'apparaît pas comme absolument aveugle, mais humaine en partie, et où je considère que mes liens avec ces millions, ce sont d'abord des liens avec des hommes et non avec de simples objets bruts et inanimés, je vois qu'un appel est possible d'abord et instantanément à leur Créateur et ensuite à eux-mêmes. Mais si, délibérément, je me jette dans la gueule du loup, à quoi bon en appeler au loup et au Créateur du loup ? Je n'ai à m'en prendre qu'à moi. Si je pouvais me convaincre que j'ai tout lieu d'être satisfait des hommes tels qu'ils sont, tout lieu de les traiter en conséquence, et non point à certains égards, selon ce que j'exige et ce que j'attends d'eux et de moi, alors en bon Musulman et en fataliste je m'efforcerais de me contenter de l'état de fait, me disant que telle est la volonté de Dieu. En outre, il y a une différence entre résister à la volonté divine et résister à une force purement aveugle et naturelle : c'est qu'à cette dernière je puis m'opposer ; mais je ne saurais espérer, nouvel Orphée, changer la nature des rocs, des arbres et des bêtes. Je ne désire pas me quereller avec quiconque, homme ou nation, ni couper les cheveux en quatre, ni avancer de subtiles distinctions, ni me monter en épingle. Je cherche bien plutôt, croyez-moi, un simple prétexte pour me conformer aux lois nationales. Je n'ai que trop tendance à m'y conformer. En vérité, j'ai bien sujet de me soupçonner sur ce chapitre ; et chaque année, lorsque le percepteur se présente, je me trouve disposé à passer en revue les initiatives et la position du gouvernement fédéral, du gouvernement d'État et l'esprit du peuple, afin de trouver un prétexte à m'aligner. Tout comme nos parents, aimons notre pays Et s'il advient un jour que nous lui refusions L'hommage de l'amour ou celui du labeur, Veillons bien aux effets, et tâchons que notre âme et non quelque appétit de règne ou de profit. Je crois que l'État sera bientôt en mesure de m'épargner toute obligation de ce genre, et alors je ne serai pas meilleur patriote que mes concitoyens. Envisagée d'un point de vue inférieur, la Constitution, malgré tous ses défauts, est fort bonne : la justice et les tribunaux sont forts respectables ; même cet État et ce gouvernement américain sont, à bien des égards, tout à fait remarquables, uniques et nous devons être pénétrés de reconnaissance, nous a-t-on dit mille fois ; mais vus d'un peu plus haut, ils sont ce que j'en ai dit, et d'encore plus haut, du plus haut, qui pourra dire ce qu'ils sont et s'ils méritent le moindre regard, la moindre pensée ? Néanmoins, le gouvernement ne me soucie guère et je ne veux lui accorder que le minimum d'attention. Rares sont les moments où je vis sous un gouvernement, ici-bas. Si un homme a l'esprit libre, le cœur libre et l'imagination libre, ce qui n'est pas, n'ayant jamais longtemps l'apparence d'être à ses yeux, les gouvernants ou les réformateurs sans sagesse, ne peuvent sérieusement menacer son repos. Je sais que la plupart des hommes ne pensent pas comme moi ; mais je mets dans le même lot ceux qui, par métier, consacrent leur vie à étudier de semblables sujets. Hommes d'État et législateurs, si bien enfermés dans leurs institutions, ne l'aperçoivent jamais nettement et sans voiles. Ils parlent de changer la société, mais ils n'ont point de refuge hors d'elle. Peut-être sont-ils, dans une certaine mesure, hommes de jugement et d'expérience ; ils ont sans doute inventé des systèmes ingénieux et non sans valeur, ce dont nous les remercions sincèrement ; mais toute leur sagacité, toute leur utilité se cantonnent dans des limites bien étroites. Ils oublient aisément que le monde n'est pas gouverné par le système et l'opportunisme. Webster ne regarde jamais au-delà du gouvernement et n'en peut donc parler avec autorité. Ses paroles sont sagesse pour les législateurs qui n'envisagent aucune réforme essentielle dans le gouvernement en place ; mais aux yeux des penseurs et de ceux qui légifèrent pour tous les temps, pas une fois il n'aborde le sujet. J'en connais dont les spéculations sur ce thème plein de sagesse et de sérénité révéleraient vite combien sont bornées l'étendue et l'hospitalité de son esprit. Cependant, comparées aux déclarations falotes de la plupart des réformateurs et à la sagesse et à l'éloquence encore plus falotes de la plupart des politiciens en général, ses paroles sont presque les seules sensées et valables et nous en rendons grâces au Ciel. En regard des autres, il est toujours fort, original et surtout pratique. Pourtant, sa qualité n'est pas la sagesse, mais la prudence. La vérité du juriste n'est pas la Vérité : elle n'est que cohérence et opportunisme cohérent. La Vérité est toujours en harmonie avec elle-même et ne se préoccupe pas en premier lieu de révéler la justice qu'on va accorder avec le méfait. Il mérite bien d'être appelé, comme on l'a fait, le « Défenseur de la Constitution ». Les seules attaques qu'il lance vraiment sont définitives. Ce n'est pas un chef, mais un suiveur. Ses chefs, ce sont les hommes de 87. « Je n'ai jamais pris d'initiative », dit-il, « et je n'ai nul besoin d'en prendre ; je n'ai jamais favorisé d'initiative et je n'entends nullement favoriser une initiative pour troubler l'arrangement conclu à l'origine, par lequel les divers États entrèrent dans l'Union. » Toujours avec l'idée de la sanction que la Constitution confère à l'esclavage, il dit : « Parce qu'il faisait partie du contrat original, qu'il demeure. » En dépit de sa subtilité et de son talent particuliers, Webster est incapable de dégager un fait de ses rapports purement politiques, pour le contempler dans son essence intellectuelle, comme de dire par exemple ce qu'il convient à un homme de faire chez nous, en Amérique, aujourd'hui face à l'esclavage ; au contraire, il se risque, peut-être y est-il poussé, à formuler des réponses comme celle qui suit, tout en protestant qu'il parle dans l'absolu et en simple particulier (quel nouveau et singulier code des devoirs sociaux pourrait-on en déduire ?). « La manière dont les gouvernements des États où l'esclavage existe doivent régler ces problèmes est à leur discrétion, en vertu de leurs responsabilités vis-à-vis des électeurs, en regard des lois de la propriété, de l'humanité, de la justice et en regard de Dieu. Des associations formées ailleurs, issues d'un sentiment d'humanité ou de tout autre motif, n'ont absolument rien à y voir. Elles n'ont jamais reçu aucun encouragement de ma part et n'en recevront jamais. » Ceux qui ne connaissent pas de sources de vérité plus pures, pour n'avoir pas remonté plus haut son cours, défendent - et ils ont raison - la Bible et la Constitution ; ils y boivent avec vénération et humilité ; mais ceux qui voient la Vérité ruisseler dans ce lac, cet étang, se ceignent les reins de nouveau et poursuivent leur pèlerinage vers la source originelle. Aucun homme doué d'un génie de législateur n'est apparu en Amérique. De tels êtres sont rares dans l'histoire du monde. Des orateurs, des politiciens et des rhétoriciens, il s'en trouve à foison. Mais il n'a pas encore ouvert la bouche pour parler, celui qui est capable de trancher les questions tant débattues d'aujourd'hui. Nous aimons l'éloquence pour l'éloquence et non pour la vérité qu'elle peut énoncer ou l'héroïsme qu'elle peut inspirer. Il reste à nos législateurs de saisir la valeur comparée du libre-échange et de la liberté, de l'Union et de la rectitude, au sein d'une nation. Ils n'ont pas de génie ou de talent, même sur des points relativement modestes d'impôts et de finance, de commerce, d'industrie et d'agriculture. Si pour nous guider, nous n'avions pour toute ressource que l'ingéniosité verbeuse des législateurs du Congrès, sans le correctif de l'expérience bien venue et des doléances efficaces du peuple, l'Amérique ne garderait pas longtemps son rang parmi les nations. Il y a mille huit cents ans - je n'ai peut-être pas le droit de le dire - que le Nouveau Testament a été écrit ; pourtant, où est le législateur doué d'assez de sagesse et de réalisme pour profiter de la lumière que cet enseignement jette sur la Législation ? L'autorité du gouvernement, même de celui auquel je veux bien me soumettre - car j'obéirai de bon cœur à ceux qui ont des connaissances et des capacités supérieures aux miennes et, sur bien des points, même à ceux qui n'ont ni ces connaissances ni ces capacités - cette autorité est toujours impure. En toute justice, elle doit recevoir la sanction et l'assentiment des gouvernés. Elle ne peut avoir sur ma personne et sur mes biens d'autre vrai droit que celui que je lui concède. L'évolution de la monarchie absolue à la monarchie parlementaire, et de la monarchie parlementaire à la démocratie, montre une évolution vers un respect véritable de l'individu. Le philosophe chinois lui-même avait assez de sagesse pour considérer l'individu comme la base de l'Empire. La démocratie telle que nous la connaissons est-elle l'aboutissement ultime du gouvernement ? Ne peut-on franchir une nouvelle étape vers la reconnaissance et l'établissement des droits de l'homme ? Jamais il n'y aura d'État vraiment libre et éclairé, tant que l'État n'en viendra pas à reconnaître à l'individu un pouvoir supérieur et indépendant d'où découlerait tout le pouvoir et l'autorité d'un gouvernement prêt à traiter l'individu en conséquence. Je me plais à imaginer un État enfin, qui se permettrait d'être juste pour tous et de traiter l'individu avec respect, en voisin ; qui même ne trouverait pas incompatible avec son repos que quelques-uns choisissent de vivre en marge, sans se mêler des affaires du gouvernement ni se laisser étreindre par lui, du moment qu'ils rempliraient tous les devoirs envers les voisins et leurs semblables. Un État, qui porterait ce genre de fruit et accepterait qu'il tombât sitôt mûr, ouvrirait la voie à un État encore plus parfait, plus splendide, que j'ai imaginé certes, mais encore vu nulle part.

L'ANARCHIE

Enrico Malatesta

— 1891 —

Le mot anarchie vient du grec et signifie, à proprement parler, sans gouvernement : état d'un peuple qui se régit sans autorités constituées, sans gouvernement.

Avant qu'une telle organisation commence à être considérée comme possible et désirable par toute une catégorie de penseurs, et avant qu'elle ne soit prise comme but par un parti qui est désormais devenu l'un des facteurs les plus importants des luttes sociales modernes, le mot anarchie était universellement pris dans le sens de désordre, de confusion ; et il est encore utilisé aujourd'hui dans ce sens par les masses ignorantes et par les adversaires intéressés à déformer la vérité.

Nous n'entrerons pas dans des considérations philologiques, parce que le problème n'est pas d'ordre philologique mais historique. Le sens vulgaire du mot ne méconnaît pas sa signification véritable et étymologique, mais il en est un dérivé, dû à ce préjugé : le gouvernement serait un organe nécessaire à la vie sociale et une société sans gouvernement devrait par conséquent être la proie du désordre, et osciller entre la toute puissance effrénée des uns et la vengeance aveugle des autres.

L'existence de ce préjugé et son influence sur le sens qui a été donné au mot anarchie s'expliquent facilement.

Comme tous les êtres vivants, l'homme s'adapte et s'habitue aux conditions dans lesquelles il vit, et il transmet, par hérédité, les habitudes qu'il a acquises. C'est ainsi qu'étant né et ayant vécu dans les chaînes, et étant l'héritier d'une longue série d'esclaves, l'homme a cru, quand il a commencé à penser, que l'esclavage était la caractéristique même de la vie, et la liberté lui est apparue comme quelque chose d'impossible. De la même façon, contraint depuis des siècles et donc habitué à attendre le travail, c'est-à-dire le pain, du bon vouloir du patron, ainsi qu'à voir sa propre vie perpétuellement à la merci de celui qui possède la terre et le capital, le travailleur a fini par croire que c'est le patron qui lui permet de manger et il se demande naïvement comment on ferait pour vivre si les maîtres n'étaient pas là.

Imaginez quelqu'un qui aurait eu les deux jambes attachées depuis sa naissance, et qui aurait cependant trouvé le moyen de marcher tant bien que mal : il pourrait très bien attribuer cette faculté de se déplacer à ces liens, précisément - qui ne font au contraire que diminuer et paralyser l'énergie musculaire de ses jambes.

Et si aux effets naturels de l'habitude s'ajoute l'éducation donnée par le patron, par le prêtre, par le professeur, etc., qui sont tous intéressés à prêcher que les maîtres et le gouvernement sont nécessaires, s'il s'y ajoute le juge et le policier qui font tout pour réduire au silence quiconque penserait différemment et serait tenté de propager ce qu'il pense, on comprendra comment a pu s'enraciner dans le cerveau peu cultivé de la masse laborieuse le préjugé selon lequel le patron et le gouvernement sont utiles et nécessaires.

Imaginez qu'à cet homme qui a les deux jambes attachées, dont nous parlions, le médecin fasse toute une théorie et expose mille exemples habilement inventés pour le persuader qu'il ne pourrait ni marcher ni vivre si ses deux jambes étaient libres : cet homme défendrait farouchement ses liens et verrait un ennemi en quiconque voudrait les lui détacher.

Puisqu'on croyait que le gouvernement était nécessaire et que sans gouvernement il ne pouvait y avoir que désordre et confusion, il était donc naturel et logique que le mot anarchie, qui signifie absence de gouvernement, apparaisse comme synonyme d'absence d'ordre.

C'est là un fait qui n'est pas sans précédent dans l'histoire des mots. Aux temps et dans les pays où le peuple croyait nécessaire le gouvernement d'un seul (monarchie), le mot république, qui signifie gouvernement de plusieurs, était précisément employé dans le sens de désordre et de confusion, sens qu'on retrouve encore vivace dans la langue populaire de presque tous les pays.

Changez l'opinion, persuadez le peuple que non seulement le gouvernement n'est pas nécessaire mais qu'il est extrêmement nuisible et, dès lors, le mot anarchie, précisément parce qu'il signifie absence de gouvernement, signifiera pour tous : ordre naturel, harmonie des besoins et des intérêts de tous, liberté totale dans la solidarité totale.

C'est donc bien à tort que certains disent que les anarchistes ont mal choisi leur nom parce que ce nom est compris de façon erronée par les masses et qu'il se prête à une fausse interprétation. L'erreur ne dépend pas du nom mais de la chose; et les difficultés que les anarchistes rencontrent dans leur propagande ne dépendent pas du nom qu'ils se donnent mais de ce que leur conception va à l'encontre de tous les préjugés bien ancrés que le peuple nourrit au sujet du rôle du gouvernement, ou, comme on dit aussi, de l'Etat.

Avant d'aller plus loin, il est bon de s'expliquer sur ce dernier mot qui est vraiment, à notre avis, la source de nombreux malentendus.

Les anarchistes (dont nous-mêmes) se sont servi et se servent couramment du mot Etat, et ils entendent par là cet ensemble d'institutions politiques, législatives, judiciaires, militaires, financières, etc., qui enlèvent au peuple la gestion de ses propres affaires, la détermination de sa propre conduite, le soin de sa propre sécurité pour les confier à un petit nombre. Et, par usurpation ou par délégation de pouvoir, ce petit nombre se trouve investi du droit de faire les lois sur tout et pour tous et de contraindre le peuple à les respecter en se servant au besoin de la force de tous.

En ce sens, le mot Etat signifie gouvernement ; ou encore c'est, si l'on veut, l'expression impersonnelle, abstraite de cette réalité qui s'incarne en la personne du gouvernement. Les expressions abolition de l'Etat, Société sans État, etc., correspondent donc parfaitement à la conception que veulent exprimer les anarchistes : destruction de tout ordre politique fondé sur l'autorité et instauration d'une société d'hommes libres et égaux, fondée sur l'harmonie des intérêts et sur le concours volontaire de tous pour mener à bien les tâches sociales.

Mais le mot Etat a beaucoup d'autres significations, dont certaines prêtent à équivoque, particulièrement quand on s'adresse à des hommes qui, à cause de leur pénible situation sociale, n'ont pas eu le loisir de s'habituer aux subtiles distinctions du langage scientifique ; ou pire encore, quand il s'agit d'adversaires de mauvaise foi qui sont intéressés à jeter la confusion et à ne pas vouloir comprendre.

C'est ainsi que le mot Etat s'emploie fréquemment pour désigner une société donnée, telle ou telle collectivité humaine, groupée sur un territoire donné et constituant ce que l'on appelle une entité morale ; et cela indépendamment de la façon dont les membres de la collectivité en question sont groupés et des rapports qu'ils entretiennent entre eux.

On l'utilise aussi tout simplement comme synonyme de société. C'est à cause de ces significations différentes du mot Etat que nos adversaires croient ou plutôt feignent de croire que les anarchistes veulent abolir tout lien social, tout travail collectif et réduire les hommes à l'isolement, c'est-à-dire à une condition pire que l'état de barbarie.

On entend aussi par Etat l'administration suprême d'un pays, le pouvoir central, distinct du pouvoir au niveau de la province ou de la commune. Ce qui explique que certains s'imaginent que les anarchistes veulent simplement une décentralisation géographique laissant intact le principe de gouvernement : c'est confondre l'anarchie avec le cantonalisme ou le communalisme.

Enfin, le mot Etat signifie aussi condition, façon d'être, régime de vie sociale, etc. Et c'est pourquoi nous disons, par exemple, qu'il faut changer l'état économique de la classe ouvrière, ou que l'état anarchique est le seul état social fondé sur le principe de la solidarité, et autres phrases semblables qui peuvent à première vue paraître bizarres et contradictoires, employées par nous qui disons, par ailleurs et dans un autre sens, que nous voulons abolir l'Etat.

Pour toutes ces raisons, nous croyons qu'il vaudrait mieux utiliser le moins possible l'expression abolition de l'Etat et la remplacer par cette autre, plus claire et plus concrète : abolition du gouvernement.

C'est en tout cas ce que nous ferons au cours de ce travail.

Nous avons dit que l'Anarchie est la société sans gouvernement.

Mais la suppression des gouvernements est-elle possible, souhaitable et prévisible ?

C'est ce que nous allons voir.

Qu'est-ce que le gouvernement ?

Malgré les coups que lui a portés la science positive, la tendance métaphysique est encore solidement enracinée dans l'esprit de la plupart de nos contemporains. Cette tendance métaphysique est une maladie de l'esprit qui fait qu'après avoir extrait les qualités d'un être par un processus logique d'abstraction, l'homme subit une espèce d'hallucination qui lui fait prendre l'abstraction pour un être réel. C'est ainsi que beaucoup voient dans le gouvernement un être moral, doté de certains attributs (la raison, la justice, l'équité), indépendants des personnes qui sont au gouvernement. Pour eux, le gouvernement, et plus abstraitement encore, l'Etat, c'est le pouvoir social abstrait ; c'est le représentant, abstrait toujours, des intérêts généraux; c'est l'expression du droit de tous considéré comme limite aux droits de chacun. Et cette façon de concevoir le gouvernement a le soutien des intéressés pour qui l'important, c'est que le principe d'autorité soit sauf et qu'il survive toujours aux coups que lui portent ceux qui se succèdent dans l'exercice du pouvoir et aux erreurs qu'ils commettent.

Pour nous, le gouvernement, c'est l'ensemble des gouvernants. Et les gouvernants - rois, présidents, ministres, députés, etc. - ce sont ceux qui ont la faculté de faire des lois pour réglementer les rapports des hommes entre eux et de les faire exécuter ; de décréter et de percevoir les impôts ; de contraindre au service militaire ; de juger et de punir ceux qui contreviennent aux lois ; de soumettre à des règles, de superviser les contrats privés et de leur donner une sanction légale ; de monopoliser certaines branches de la production et certains services publics, ou toute la production et tous les services publics s'ils le veulent ; de promouvoir ou d'entraver l'échange de produits ; de faire la guerre aux gouvernants d'autres pays ou de faire la paix avec eux; de concéder ou de retirer des franchises ; etc. Bref, les gouvernants, ce sont ceux qui ont, à un degré plus ou moins élevé, la faculté de se servir de la force sociale - c'est-à-dire de la force physique, intellectuelle et économique de tous - pour obliger tout le monde à faire ce qu'ils veulent, eux. Cette faculté constitue, pour nous, le principe de gouvernement, le principe d'autorité

Quelle est la raison d'être du gouvernement ?

Pourquoi abdiquer sa propre liberté, sa propre initiative dans les mains d'un petit nombre ? Pourquoi leur donner cette faculté de s'emparer de la force de tous, contre la volonté de chacun ou non, et d'en disposer à leur gré ? Ont-ils donc tant de qualités exceptionnelles qu'ils puissent, avec quelque apparence de raison, se substituer à la masse et s'occuper des intérêts, de tous les intérêts des hommes, mieux que ne sauraient le faire les intéressés ? Sont-ils infaillibles et incorruptibles au point qu'on puisse avec apparemment assez de prudence confier le sort de chacun et de tous à leur science et à leur bonté ?

Et quand bien même il existerait des hommes dont la bonté et le savoir seraient infinis, quand bien même le pouvoir gouvernemental irait aux plus capables et aux meilleurs - et c'est là une hypothèse que l'Histoire n'a jamais confirmée, et dont nous pensons qu'il est impossible qu'elle soit jamais confirmée - est-ce que le fait d'avoir en main le gouvernement ajouterait quoi que ce soit à leur capacité de faire le bien ou est-ce qu'au contraire cette capacité ne s'en trouverait pas paralysée et détruite par la nécessité où se trouvent les hommes qui sont au gouvernement de s'occuper de multiples choses auxquelles ils n'entendent rien, et surtout de gaspiller le meilleur de leur énergie pour se maintenir au pouvoir, contenter leurs amis, tenir les mécontents en bride et mâter les rebelles ?

De plus, qui désigne les gouvernants, bons ou pas, savants ou ignorants, à cette haute fonction ? S'imposent-ils d'eux-mêmes par droit de guerre, de conquête ou de révolution ? Mais alors, quelle garantie peut-on avoir que c'est bien l'intérêt commun qui les inspire ? Ce n'est alors qu'une question d'usurpation, tout simplement, et à ceux qui sont dominés, aux mécontents, il ne reste plus qu'à faire appel à la force pour secouer le joug. Sont-ils choisis par telle ou telle classe, par tel ou tel parti ? Alors, ce seront sans aucun doute les intérêts et les idées de cette classe ou de ce parti qui triompheront, et la volonté et les intérêts des autres seront sacrifiés. Sont-ils élus au suffrage universel ? Mais alors, le seul critère, c'est le nombre, qui n'est certes pas une preuve de raison, de justice ou de capacité. Seront élus ceux qui savent le mieux emberlificoter la masse; et la minorité, qui peut très bien être la moitié moins un, sera sacrifiée. Sans compter que l'expérience a démontré qu'il est impossible de trouver un mécanisme électoral qui permette aux élus d'être, à tout le moins, les représentants réels de la majorité.

Les théories qui ont essayé d'expliquer et de justifier l'existence du gouvernement sont aussi nombreuses que variées. Mais elles sont toutes fondées sur cette idée préconçue, avouée ou non: les hommes ont des intérêts contraires et il faut une force extérieure et supérieure pour obliger les uns à respecter les intérêts des autres, en prescrivant et en imposant la règle de conduite qui fera s'harmoniser au mieux les intérêts en lutte et permettra à chacun de trouver le maximum possible de satisfaction avec le minimum possible de sacrifices.

Si les intérêts, les tendances, les désirs d'un individu sont en opposition avec ceux d'un autre individu ou, éventuellement, de la société tout entière, qui aura le droit et la force d'obliger l'un à respecter les intérêts de l'autre ? Qui pourra empêcher tel ou tel citoyen de violer la volonté générale ? La liberté de chacun a pour limite la liberté des autres; mais qui fixera ces limites, et qui les fera respecter ? Les antagonismes naturels des intérêts et des passions rendent le gouvernement nécessaire et justifient l'autorité qui intervient dans la lutte sociale en tant que modératrice, et assigne les limites des droits et des devoirs de chacun. Voilà ce que disent le théoriciens de l'autoritarisme.

Ceci, pour la théorie. Mais pour être justes, les théories doivent être fondées sur les faits et les expliquer ; et on sait trop bien comment, en économie sociale, les théories sont trop souvent inventées pour justifier les faits, autrement dit pour défendre le privilège et le faire accepter sans histoire par ceux-là même qui en sont les victimes.

Tout au long de l'Histoire, tout comme à l'époque actuelle, le gouvernement est soit la domination brutale, violente, arbitraire d'un petit nombre sur les masses; soit un instrument destiné à garantir leur domination et le privilège à ceux qui par force, ruse ou héritage, ont accaparé tous les moyens d'existence, dont la terre d'abord, et s'en servent pour tenir le peuple en esclavage et le faire travailler pour leur propre compte.

On opprime les hommes de deux façons : soit directement, par la force brutale, par la violence physique ; soit indirectement, en leur enlevant les moyens de subsistance et en les réduisant ainsi à discrétion. La première façon est à l'origine du pouvoir, c'est-à-dire du privilège politique ; et la seconde à l'origine de la propriété, c'est-à-dire du privilège économique. On peut aussi opprimer les hommes en agissant sur leur intelligence et sur leurs sentiments : c'est là le pouvoir religieux ou universitaire ; mais comme l'esprit n'est jamais que la résultante des forces matérielles, le mensonge et les corps constitués pour le propager n'ont de raison d'être qu'autant qu'ils sont la conséquence des privilèges politiques et économiques, et un moyen pour les défendre et les consolider.

Dans les sociétés primitives, peu populeuses et dans lesquelles les rapports sociaux ne sont pas très compliqués, les deux pouvoirs, politique et économique, se trouvent réunis dans les mêmes mains, qui peuvent être celles d'une seule et même personne ; ceci, quand une circonstance quelconque a empêché que ne s'établissent des habitudes, des coutumes de solidarité, ou qu'elle a détruit celles qui existaient et établi la domination de l'homme sur l'homme. Ceux qui, par la force, ont vaincu et terrorisé les autres disposent des personnes et des choses des vaincus, les contraignent à les servir, à travailler pour eux et à faire en tout leur volonté à eux. Ils sont tout à la fois propriétaires, législateurs, rois, juges et bourreaux.

Mais les sociétés s'agrandissent, les besoins augmentent, les rapports sociaux se compliquent et il devient impossible qu'un despotisme de ce type se prolonge davantage. Pour des raisons de sécurité, de commodité et parce qu'il leur est impossible de faire autrement, les dominateurs se trouvent placés devant une double nécessité : d'une part, s'appuyer sur une classe privilégiée, c'est-à-dire sur un certain nombre d'individus co-intéressés à leur domination ; et d'autre part, laisser chacun subvenir comme il peut à ses propres besoins et se réserver la domination suprême qui est le droit d'exploiter tout le monde au maximum et une façon de satisfaire cette vanité : commander. Et c'est ainsi que se développe la richesse privée, autrement dit la classe des propriétaires : à l'ombre du pouvoir, sous sa protection et avec sa complicité, et souvent à son insu et pour des raisons qui échappent à son contrôle. En concentrant peu à peu dans leurs mains les moyens de production, les vraies sources de la vie - l'agriculture, l'industrie, les échanges, etc. - ces propriétaires finissent par constituer un pouvoir en soi, et ce pouvoir, à cause de la supériorité de ses moyens et de la grande quantité d'intérêts qu'il recouvre, finit toujours par soumettre plus ou moins ouvertement le pouvoir politique, autrement dit le gouvernement, et à faire de lui un gendarme à son service.

Ce phénomène s'est reproduit maintes fois au cours de l'Histoire. Chaque fois que la violence physique, brutale, a pris le dessus dans une société, à la suite d'une invasion ou d'une quelconque entreprise militaire, les vainqueurs ont clairement tendu à concentrer dans leurs mains le gouvernement et la propriété. Cependant, la nécessité pour le gouvernement de se gagner la complicité d'une classe puissante, les exigences de la production, l'impossibilité dans laquelle il se trouve de pouvoir tout surveiller et tout diriger, tout cela a toujours rétabli la propriété privée, la division des deux pouvoirs, et par-là même, la dépendance effective de ceux qui ont en main la force, les gouvernements, envers ceux qui ont en main les sources mêmes de la force, les propriétaires. Le gouvernant finit toujours, fatalement, par être le gendarme au service du propriétaire.

Ce phénomène n'a jamais été aussi accentué qu'à l'époque moderne. Grâce au développement de la production, à l'extension énorme des affaires, à la puissance démesurée que l'argent a acquis, et à toutes les données économiques qu'ont apporté la découverte de l'Amérique, l'invention des machines, etc., la classe capitaliste s'est assurée une telle suprématie qu'elle ne s'est plus contentée de disposer de l'appui du gouvernement : elle a voulu que le gouvernement soit issu d'elle-même. Un gouvernement qui tirait son origine du droit de conquête (droit divin, comme disaient les rois et leurs prêtres) était bien soumis par les circonstances à la classe capitaliste, mais il gardait toujours une attitude hautaine et méprisante envers ses anciens esclaves désormais enrichis, et il montrait des velléités d'indépendance et de domination. Un tel gouvernement était bien le défenseur des propriétaires, le gendarme à leur service, mais il était de ces gendarmes qui se croient quelqu'un et qui se montrent brutaux envers ceux qu'ils sont chargés d'escorter et de défendre, quand ils ne les dévalisent ou ne les massacrent pas au détour du chemin. La classe capitaliste s'en est débarrassée et s'en débarrasse par des moyens plus ou moins violents pour le remplacer par un gouvernement choisi par elle, composé de membres de sa classe, continuellement sous son contrôle et spécialement organisé pour la défendre contre les revendications possibles des déshérités.

C'est de là que vient le système parlementaire moderne.

Le gouvernement est, aujourd'hui, composé de propriétaires et de gens à la dévotion des propriétaires ; il est tout entier à la disposition des propriétaires, à tel point que les plus riches dédaignent souvent d'en faire partie : Rothschild n'a pas besoin d'être député ou ministre, il lui suffit de tenir députés et ministres sous sa dépendance.

Dans beaucoup de pays, le prolétariat participe plus ou moins a l'élection du gouvernement, mais il y participe d'une façon purement formelle. C'est une concession que la bourgeoisie a fait pour utiliser le concours du peuple dans sa lutte contre le pouvoir royal et l'aristocratie, et aussi pour détourner le peuple de penser à s'émanciper : elle lui donne une souveraineté apparente. Que la bourgeoisie l'ait ou non prévu quand elle a concédé pour la première fois au peuple le droit de vote, il n'en est pas moins certain que ce droit de vote s'est révélé parfaitement dérisoire et tout juste bon à consolider le pouvoir de la bourgeoisie en donnant à la partie la plus énergique du prolétariat l'espoir, vain, d'arriver un jour au pouvoir.

Même avec le suffrage universel, et nous pourrions dire particulièrement avec le suffrage universel, le gouvernement est resté le serviteur de la bourgeoisie et le gendarme à son service. S'il en était autrement, si le gouvernement menaçait de devenir hostile à la bourgeoisie, si la démocratie pouvait un jour être autre chose qu'un leurre pour tromper le peuple, la bourgeoisie menacée dans ses intérêts s'empresserait de se révolter et emploierait toute la force et toute l'influence qui lui viennent de ce qu'elle possède la richesse pour rappeler le gouvernement à son rôle de simple gendarme à son service.

Quel que soit le nom que prend le gouvernement, quelles que soient son origine et son organisation, son rôle essentiel est partout et toujours d'opprimer et d'exploiter les masses, et de défendre les oppresseurs et les exploiteurs. Et ses rouages principaux, caractéristiques, indispensables, sont le policier et le percepteur, le soldat et le garde-chiourme, auxquels s'ajoute immanquablement le marchand de mensonges, qu'il soit prêtre ou professeur, appointé et protégé par le gouvernement pour asservir les esprits et les rendre dociles au joug.

Certes, à ce rôle fondamental du gouvernement et à ces rouages essentiels se sont ajoutés d'autres rôles et d'autres rouages au cours de l'Histoire. Admettons même que, dans un pays quelque peu civilisé, il n'ait jamais, ou presque jamais, pu exister de gouvernement qui ne se soit attribué des rôles utiles ou indispensables à la vie sociale, en plus de son rôle d'oppresseur et de spoliateur. Loin d'infirmer ce qui suit, cela le confirme et l'aggrave : c'est un fait que le gouvernement est, par nature, oppressif et spoliateur ; et de par son origine et sa situation, il est fatalement porté à défendre et à renforcer la classe dominante.

De fait, le gouvernement se donne la peine de protéger, plus ou moins, la vie des citoyens contre les attaques directes et brutales. Il reconnaît et légalise un certain nombre de droits et devoirs primordiaux, ainsi que d'us et coutumes sans lesquels il est impossible de vivre en société. Il organise et dirige certains services publics, comme la poste, le réseau routier, la santé publique, la distribution de l'eau, l'assainissement des terres, la protection des forêts, etc. Il ouvre des orphelinats et des hôpitaux et souvent il aime à jouer au protecteur et au bienfaiteur des pauvres et des faibles - ce n'est qu'apparence, bien sûr. Mais il suffit d'observer comment et dans quel but il remplit ces rôles pour y trouver la preuve expérimentale, pratique, que tout ce que fait le gouvernement est toujours inspiré par l'esprit de domination et qu'il le fait pour défendre, agrandir et perpétuer ses propres privilèges et ceux de la classe dont il est le représentant et le défenseur.

Un gouvernement ne saurait tenir longtemps s'il ne masque pas sa nature propre derrière le prétexte de l'intérêt commun ; il ne peut faire respecter la vie des privilégiés s'il ne se donne pas l'air de vouloir respecter celle de tous ; il ne peut pas faire accepter les privilèges d'un petit nombre s'il ne feint pas d'être le gardien du droit de tous. "La loi - dit Kropotkine (et naturellement ceux qui l'ont faite, c'est-à-dire le gouvernement - note de Malatesta) - a utilisé les sentiments sociaux de l'homme pour faire passer, avec des préceptes de morale que l'homme acceptait, des ordres utiles à la minorité des spoliateurs contre lesquels il se serait révolté."[1]

Un gouvernement ne peut pas vouloir que la société se disloque, parce qu'alors lui et la classe dominante auraient moins de matériaux à exploiter. Et il ne peut pas non plus laisser la société se régir elle-même, sans ingérences officielles, parce qu'alors le peuple aurait tôt fait de se rendre compte que le gouvernement ne sert qu'à défendre les propriétaires qui le font mourir de faim et il s'empresserait de se débarrasser et du gouvernement et des propriétaires.

Aujourd'hui, face aux réclamations insistantes et menaçantes du prolétariat, les gouvernements montrent une tendance à s'entremettre dans les rapports entre patrons et ouvriers. Ils essayent ainsi de dévoyer le mouvement ouvrier et d'empêcher, par des réformes trompeuses, que les pauvres ne prennent eux-mêmes tout ce qui leur revient, c'est-à-dire une part de bien-être égale à celle dont les autres jouissent.

Il faut en outre tenir compte des deux faits suivants : d'une part les bourgeois, c'est-à-dire les propriétaires, sont perpétuellement en train de se faire la guerre et de se dévorer entre eux ; d'autre part, le gouvernement issu de la bourgeoisie est bien son serviteur et son protecteur dans cette mesure-là, mais, comme tout serviteur et tout protecteur, il tend aussi à s'émanciper et à dominer celui qu'il protège. D'où ces jeux de balançoire, ces louvoiements, ces concessions faites et retirées, cette recherche d'alliés chez le peuple contre les conservateurs et chez les conservateurs contre le peuple, qui sont la science des gouvernants et font illusion aux yeux des naïfs et des indolents toujours prêts à attendre que le salut leur vienne d'en haut.

Tout cela ne change en rien la nature du gouvernement. S'il devient le régulateur et le garant des droits et devoirs de chacun, il pervertit le sens de la justice : il qualifie de délit et punit tout acte qui heurte ou menace les privilèges des gouvernants et des propriétaires ; et il qualifie de juste, de légale, la plus terrible exploitation des miséreux, ce lent et continu assassinat moral et matériel perpétré par celui qui possède contre celui qui n'a rien. S'il devient administrateur des services publics, il n'a en vue que les intérêts des gouvernants et des propriétaires, encore et toujours ; et il ne s'occupe des intérêts de la masse des travailleurs que dans la seule mesure où cela est nécessaire pour que la masse consente à payer. S'il enseigne, il fait obstacle à la propagation de la vérité et tend à préparer l'esprit et le coeur des jeunes pour qu'ils deviennent soit des tyrans implacables, soit des esclaves dociles, selon la classe à laquelle ils appartiennent. Dans les mains du gouvernement, tout devient un moyen pour exploiter, tout devient une institution policière utile pour tenir le peuple en bride.

Et il ne peut en être autrement. Si, pour les hommes, vivre c'est lutter les uns contre les autres, il y a naturellement des vainqueurs et des perdants : le prix de la lutte, c'est le gouvernement qui est un moyen pour garantir aux vainqueurs les résultats de la victoire et les perpétuer; et il est bien certain que jamais il n'ira à ceux qui auront perdu, que la lutte ait lieu sur le terrain de la force physique ou intellectuelle, ou qu'elle ait lieu sur le terrain économique. Quant à ceux qui ont lutté pour vaincre, c'est-à-dire pour s'assurer des conditions meilleures que celles des autres et pour conquérir privilèges et domination, ils ne vont pas se servir du gouvernement pour défendre les droits des vaincus et imposer des limites à leur bon plaisir ou à celui de leurs amis et partisans.

Le gouvernement ou, comme on dit, l'Etat, juge ; l'Etat, modérateur de la lutte sociale ; l'Etat, administrateur impartial des intérêts du public, tout cela est mensonge, illusion, utopie jamais réalisée et qui ne se réalisera jamais.

Si vraiment les intérêts des hommes devaient être contraires les uns aux autres ; si vraiment la lutte entre les hommes était nécessairement la loi des sociétés humaines et que la liberté de chacun devait trouver ses limites dans la liberté des autres, alors chacun chercherait toujours à faire triompher ses propres intérêts sur ceux des autres ; chacun chercherait à augmenter sa propre liberté aux dépens de celle des autres ; et il y aurait un gouvernement non pas parce qu'il serait plus ou moins utile à la totalité des membres d'une société qu'il y en ait un, mais parce que les vainqueurs voudraient s'assurer les fruits de la victoire en soumettant solidement les vaincus, et se libérer de l'ennui d'être perpétuellement prêts à se défendre en chargeant de les défendre des hommes entraînés à cet effet au métier de gendarmes. Alors l'humanité serait destinée à périr ou à se débattre à tout jamais entre la tyrannie des vainqueurs et la révolte des vaincus.

Mais heureusement, l'avenir de l'humanité est plus souriant parce que la loi qui la gouverne est plus douce.

Cette loi, c'est la SOLIDARITE.

Il y a nécessairement en l'homme deux instincts fondamentaux: l'instinct de sa propre conservation, sans lequel aucun être ne pourrait exister; et l'instinct de conservation de l'espèce, sans lequel aucune espèce n'aurait pu se former et durer. L'homme est naturellement porté à défendre envers et contre tout et tous l'existence et le bien-être de sa propre personne et de sa propre progéniture.

Dans la nature, les êtres vivants peuvent assurer leur existence et la rendre plus agréable de deux façons: d'une part, la lutte individuelle contre les éléments et contre les autres individus, de la même espèce ou d'une autre espèce ; d'autre part, l'appui mutuel, la coopération qu'on peut également appeler l'association pour la lutte contre tous les facteurs naturels contraires à l'existence, au développement et au bien-être des associés.

Quelle part ont eu respectivement dans l'évolution du règne organique ces deux principes : la lutte d'une part, la coopération d'autre part ? Il est inutile de le chercher dans ces pages : nous ne pourrions l'exposer, pour des raisons d'espace.

Qu'il nous suffise de constater comment la coopération (forcée ou volontaire) est devenue, chez les hommes, l'unique moyen de progrès, de perfectionnement, de sécurité ; et comment la lutte - reste atavique - est devenue totalement inapte à favoriser le bien-être des individus et porte au contraire préjudice à tous, vainqueurs comme perdants.

L'expérience accumulée et transmise de générations en générations a montré à l'homme que s'il s'unit à d'autres hommes, sa propre conservation est plus assurée et son propre bien-être plus grand. Ainsi s'est développé chez l'homme l'instinct social qui est une conséquence de la lutte même pour l'existence, menée contre la nature environnante et contre les individus de sa propre espèce, et qui a totalement transformé les conditions de sa propre existence. C'est cet instinct social qui a permis à l'homme de sortir de l'animalité, d'acquérir une très grande puissance et de s'élever tellement au-dessus des autres animaux que les philosophes spiritualistes ont cru nécessaire de lui inventer une âme immatérielle et immortelle.

Cet instinct social a été constitué par tout un faisceau de causes. A partir de cette base animale : l'instinct de conservation de l'espèce (qui est l'instinct social limité à la famille naturelle), il est arrivé à un degré tout à fait remarquable en intensité et en extension et il constitue désormais le fond même de la nature morale de l'homme.

L'homme est issu des types inférieurs de l'animalité, il était faible et désarmé dans la lutte individuelle contre les bêtes carnivores. Mais il avait un cerveau capable d'un grand développement, un organe vocal apte à exprimer, par des sons divers, ses différentes vibrations cérébrales, et des mains spécialement adaptées pour donner à la matière la forme voulue : il a dû sentir rapidement le besoin de s'associer, et comprendre les avantages qui en découlaient. On peut même dire qu'il n'est sorti de l'animalité qu'à partir du moment où il est devenu un être social et où il a acquis l'usage de la parole, qui est à la fois une conséquence de la sociabilité et un puissant facteur de sociabilité.

L'espèce humaine étant relativement limitée en nombre, la lutte pour l'existence - la lutte de l'homme contre l'homme - était moins âpre, moins permanente, moins nécessaire, même en dehors de l'association. Ce qui a dû beaucoup favoriser le développement de sentiments de sympathie et donner le temps de découvrir et d'apprécier l'utilité de l'appui mutuel.

Enfin l'homme a acquis la capacité de modifier le milieu extérieur et de l'adapter à ses propres besoins, grâce à ses qualités primitives utilisées en coopération avec un nombre plus ou moins grand d'associés ; ses désirs se sont multipliés à mesure qu'augmentaient les moyens de les satisfaire et sont devenus des besoins ; la division du travail qui est la conséquence de l'exploitation méthodique de la nature au bénéfice de l'homme, est apparue. Tout cela a fait que la vie sociale est devenue le milieu nécessaire à l'homme, en dehors duquel il ne peut vivre sans retourner à l'état animal.

La sensibilité s'étant affinée avec la multiplication des rapports sociaux, et grâce à l'habitude que des milliers de siècles de transmission héréditaire ont imprimée à l'espèce humaine, ce besoin de vie sociale et d'échange de pensée et d'affection entre les hommes est devenu une manière d'être nécessaire de notre organisme, s'est transformé en sympathie, en amitié, en amour, et subsiste indépendamment des avantages matériels que l'association procure ; à tel point que pour satisfaire ce besoin, l'homme affronte souvent des souffrances de toute sorte, et même la mort.

En somme, la lutte pour l'existence a pris, chez les hommes, un caractère tout à fait différent de celle qui existe en général chez les autres animaux, pour toute une série de causes : les avantages extrêmement importants que l'association apporte à l'homme ; l'état d'infériorité physique dans lequel il se trouve face aux bêtes s'il reste isolé et qui est tout à fait disproportionné par rapport à sa supériorité intellectuelle ; la possibilité qu'il a de s'associer à un nombre toujours plus grand d'individus et d'entretenir avec eux des rapports toujours plus profonds et complexes, jusqu'à élargir l'association à toute l'humanité et à tous les aspects de la vie ; et, plus que tout peut-être, cette possibilité qu'il a de produire plus qu'il ne lui faut pour vivre, en travaillant en coopération avec les autres, ainsi que tous les sentiments affectifs qui en découlent.

On sait aujourd'hui que la coopération a eu et qu'elle a un rôle extrêmement important dans le développement du monde organique - les recherches des naturalistes modernes nous en donnent chaque jour de nouvelles preuves - rôle que ne soupçonnaient pas ceux qui, bien mal à propos du reste, voulaient justifier par les théories darwiniennes le règne de la bourgeoisie. Mais le fossé entre la lutte chez les hommes et la lutte chez les animaux reste énorme, et proportionnel à la distance qui sépare l'homme des autres animaux.

Les autres animaux luttent contre toute la nature, y compris les autres éléments de leur propre espèce, soit individuellement, soit le plus souvent en petits groupes, durables ou temporaires. Les animaux plus sociables, comme les fourmis, les abeilles, etc., sont solidaires avec ceux de la même fourmilière ou de la même ruche, mais en lutte avec les autres communautés de leur propre espèce, ou indifférents envers elles. Chez les hommes, au contraire, la lutte tend à élargir toujours plus l'association entre les hommes, à rendre leurs intérêts solidaires, à développer chez chacun des hommes le sentiment d'amour pour tous les hommes, à vaincre et dominer la nature extérieure, grâce à l'humanité et pour l'humanité. Toute lutte dont le but est de conquérir des avantages indépendamment des autres ou contre eux contredit la nature sociale de l'homme moderne et tend à le repousser vers l'animalité.

Le seul état qui permette à l'homme de déployer toute sa nature et d'atteindre le plus grand développement et le plus grand bien-être possibles, c'est la solidarité, c'est-à-dire l'harmonie des intérêts et des sentiments, le concours de chacun au bien de tous et de tous au bien de chacun. Elle est le but vers lequel marche l'évolution de l'homme, elle est le principe supérieur qui apporte une solution à tous les antagonismes actuels, insolubles autrement ; et c'est elle qui fait que la liberté de chacun trouve dans la liberté des autres non pas sa limite mais son complément, et même les conditions nécessaires pour qu'elle existe.

Michel Bakounine écrivait : "Pas un individu ne peut reconnaître sa propre humanité, ni par conséquent la réaliser dans la vie, si ce n'est en la reconnaissant dans les autres et en coopérant à sa réalisation pour les autres. Aucun homme ne peut s'émanciper s'il n'émancipe avec lui tous les hommes qui l'entourent. Ma liberté est la liberté de tous, puisque je ne suis réellement libre, libre non seulement en idée mais en fait, que quand ma liberté et mon droit trouvent leur confirmation et leur sanction dans la liberté et le droit de tous les hommes, mes égaux.

"La situation des autres hommes m'importe beaucoup car, quelque indépendante que me paraisse ma position sociale, serais-je pape, czar, empereur ou premier ministre, je suis toujours le produit de ce que sont les derniers des hommes; s'ils sont ignorants, misérables, esclaves, mon existence est déterminée par leur ignorance, par leur misère et par leur servitude. Moi, homme éclairé et intelligent, par exemple, je suis stupide par leur stupidité; moi, courageux, je suis esclave par leur esclavage; moi, riche, je tremble devant leur misère ; moi, privilégié, je pâlis devant leur justice. Moi qui veux être libre, je ne le puis pas, car autour de moi tous les hommes ne veulent pas encore être libres et, en ne le voulant pas, ils deviennent pour moi des instruments d'oppression. "

C'est donc dans la solidarité que l'homme atteint le plus haut degré de sécurité et de bien-être. C'est pourquoi même l'égoïsme, c'est-à-dire le fait de ne considérer que son propre intérêt, pousse l'homme et les sociétés humaines vers la solidarité; ou encore, pour l'exprimer autrement et mieux, égoïsme et altruisme (le fait de prendre en considération les intérêts d'autrui) se confondent en un seul sentiment, tout comme se confondent en un seul et même intérêt l'intérêt de l'individu et celui de la société.

Mais l'homme ne pouvait pas passer d'un seul coup de l'animalité à l'humanité, de la lutte brutale de l'homme contre l'homme à la lutte solidaire de tous les hommes, devenus frères, contre la nature extérieure.

Guidé par les avantages qu'offrent l'association et la division du travail qui s'ensuivit, l'homme évoluait vers la solidarité ; mais son évolution se heurta à un obstacle qui la détourna et la détourne encore de son but. L'homme découvrit que, jusqu'à un certain point du moins et pour ce qui est des besoins matériels et primitifs, les seuls qu'il connaissait à cette époque, il pouvait tirer parti des avantages de la coopération en soumettant les autres hommes à sa domination au lieu de s'associer à eux. Et comme les instincts féroces et antisociaux hérités de ses ancêtres animaux étaient encore puissants en lui, il préféra la domination à l'association et contraignit les plus faibles à travailler pour lui. Dans la plupart des cas, c'est peut-être même en exploitant les vaincus que l'homme apprit pour la première fois à comprendre les avantages de la coopération et ce que l'appui de l'homme pouvait lui apporter d'utile.

Cela aboutit à la propriété individuelle et au gouvernement, c'est-à-dire à l'exploitation par quelques privilégiés du travail de tous, alors que le fait d'avoir constaté le caractère utile de la coopération aurait dû conduire au contraire au triomphe de la solidarité dans tous les rapports humains.

C'était bien toujours l'association, la coopération en dehors de laquelle il n'y a pas de vie humaine possible. Mais c'était un genre de coopération imposé et contrôlé par un petit nombre dans leur propre intérêt particulier.

De là vient la grande contradiction, qui emplit toute l'Histoire des hommes, entre ces deux tendances : d'une part, la tendance à s'associer et à être comme des frères, pour conquérir le monde extérieur et l'adapter aux besoins de l'homme et pour satisfaire son affectivité ; et d'autre part la tendance à se diviser en autant d'unités séparées et hostiles qu'il y a de groupements déterminés par les conditions géographiques et ethnographiques, de situations économiques, d'hommes ayant réussi à conquérir un avantage et bien décidés à le conserver et à l'augmenter, d'hommes qui espèrent conquérir un privilège, et enfin d'hommes souffrant d'une injustice ou d'un privilège et qui se révoltent et veulent se libérer.

Au cours de l'Histoire, le principe du chacun pour soi, autrement dit la guerre de tous contre tous, est venu compliquer, dévier et paralyser la guerre de tous contre la nature pour un plus grand bien-être de l'humanité, guerre dont le succès total ne peut être assuré que si elle se fonde sur ce principe : tous pour un et un pour tous.

Cette irruption de la domination et de l'exploitation au sein de l'association humaine a affligé l'humanité de maux innombrables. Mais malgré l'oppression terrible à laquelle les masses ont été soumises, malgré la misère, les vices, les crimes, malgré cette dégradation que la misère et l'esclavage entraînent aussi bien chez les esclaves que chez les patrons, malgré les haines accumulées, les guerres exterminatrices, l'antagonisme des intérêts artificiellement créés, l'instinct social a survécu et s'est développé. La coopération était toujours la condition nécessaire pour que l'homme puisse lutter avec succès contre la nature extérieure et elle subsista donc comme la cause permanente du rapprochement des hommes entre eux, et du développement entre eux du sentiment de sympathie. L'oppression même des masses a fait que les opprimés sont devenus des frères les uns pour les autres, et seule la solidarité plus ou moins consciente ou plus ou moins étendue qui existait entre les opprimés leur a permis de supporter l'oppression et a permis à l'humanité de résister aux causes de mort qui s'étaient insinuées en elle.

Aujourd'hui, l'extrême développement qu'a connu la production, la croissance de ces besoins qui ne peuvent être satisfaits que par le concours d'un grand nombre d'hommes de tous les pays, les moyens de communication, l'habitude des voyages, la science, la littérature, les affaires, les guerres même, tout cela a resserré et resserre toujours plus les liens des hommes entre eux, faisant de l'humanité un seul corps dont les différentes parties, solidaires entre elles, ne peuvent trouver leur plein épanouissement et la liberté de se développer que dans la santé des autres parties et du tout.

L'habitant de Naples est aussi intéressé à l'assainissement des taudis de sa ville qu'à l'amélioration des conditions d'hygiène des populations des bords du Gange, d'où lui vient le choléra. Le bien-être, la liberté, l'avenir d'un montagnard perdu dans les gorges des Apennins ne dépendent pas seulement de l'état de bien-être ou de misère dans lequel se trouvent les habitants de son village, ni des conditions de vie générales du seul peuple italien. Ils dépendent aussi de la condition des travailleurs en Amérique et en Australie, de la découverte de tel savant suédois, des conditions morales et matérielles des Chinois, de la guerre ou de la paix en Afrique; en somme, de toutes les circonstances, grandes ou petites, qui agissent sur un être humain en un point quelconque du globe.

Dans les conditions actuelles de la société, cette vaste solidarité qui unit entre eux tous les hommes est en grande partie inconsciente : elle naît spontanément quand les intérêts particuliers se heurtent, mais quant au intérêts de tous, les hommes ne s'en préoccupent pas, ou guère. C'est bien la preuve la plus évidente que la solidarité est la loi naturelle de l'humanité et qu'elle se développe et s'impose malgré tous les obstacles, malgré tous les antagonismes créés par la façon dont la société actuelle est organisée.

Par ailleurs, les masses opprimées ne se sont jamais complètement résignées à l'oppression et à la misère et elles montrent qu'elles ont soif de justice, de liberté, de bien-être, aujourd'hui plus que jamais. Elles commencent à comprendre qu'elles ne pourront jamais s'émanciper que grâce à l'union, grâce à la solidarité de tous les opprimés et de tous les exploités du monde entier. Et elles comprennent également que la condition indispensable de leur émancipation, c'est la possession des moyens de production, de la terre et des instruments de travail, et donc l'abolition de la propriété individuelle. La science, l'observation des phénomènes sociaux montrent que cette abolition serait extrêmement utile aux privilégiés eux-mêmes, si seulement ils voulaient renoncer à leur esprit de domination et contribuer avec tous à travailler pour le bien-être commun.

Si donc un jour, les masses opprimées se refusaient à travailler pour les autres, si elles enlevaient aux propriétaires la terre et les instruments de travail et les utilisaient pour leur compte et à leur profit, c'est-à-dire pour le compte et au profit de tous, si elles voulaient ne plus subir aucune domination, ni de la force brutale ni du privilège économique, si la fraternité entre les peuples et le sentiment de solidarité humaine renforcé par la communauté des intérêts mettaient fin aux guerres et aux conquêtes, le gouvernement aurait-il encore une raison d'être ?

Une fois la propriété individuelle abolie, le gouvernement qui est là pour la défendre doit disparaître. S'il survivait, il tendrait continuellement à reconstituer, sous une forme ou sous une autre, une classe privilégiée et oppressive.

L'abolition du gouvernement ne veut pas dire et ne peut pas signifier la dissolution des liens sociaux. Bien au contraire. La coopération qui, aujourd'hui, est forcée et orientée vers le profit d'un petit nombre serait libre, volontaire et orientée au bénéfice de tous ; c'est pourquoi elle en deviendrait d'autant plus intense et efficace.

L'instinct social, le sentiment de solidarité se développeraient au plus haut point ; chacun des hommes ferait tout ce qu'il peut pour le bien des autres hommes, tant pour satisfaire ses propres sentiments affectifs que par intérêt bien compris.

Une nouvelle organisation sociale naîtrait du libre concours de tous, grâce aux groupements que les hommes formeraient spontanément selon leurs besoins et leurs sympathies, de bas en haut, du simple au complexe, en partant des intérêts les plus immédiats pour arriver aux intérêts les plus lointains et les plus généraux. Et cette organisation sociale aurait pour but le plus grand bien-être et la plus grande liberté de tous, elle embrasserait toute l'humanité dont elle ferait une seule communauté fraternelle, et elle se modifierait et s'améliorerait à mesure que les circonstances se modifieraient et que l'expérience apporterait ses enseignements.

Cette société d'hommes libres, cette société d'amis, c'est l'anarchie.

Nous avons jusqu'à présent considéré le gouvernement tel qu'il est et tel qu'il doit nécessairement être dans une société fondée sur le privilège, sur l'exploitation et l'oppression de l'homme par l'homme, sur l'antagonisme des intérêts, sur la lutte au sein même de la société, en un mot, sur la propriété individuelle.

Nous avons vu que loin d'être une condition nécessaire de la vie humaine, l'état de lutte est contraire aux intérêts des individus et de l'espèce humaine. Nous avons vu que la loi du progrès humain, c'est la coopération, la solidarité et nous en avons conclu que si on abolit la propriété individuelle et toute domination de l'homme par l'homme, le gouvernement n'a plus aucune raison d'exister et doit être aboli.

Mais (pourrait-on nous dire) une fois modifié le principe sur lequel repose aujourd'hui l'organisation sociale, une fois la lutte remplacée par la solidarité et la propriété individuelle par la propriété commune, la nature du gouvernement changerait, et au lieu d'être le représentant et le défenseur des intérêts d'une classe, il serait le représentant des intérêts de la société toute entière, puisqu'il n'y aurait plus de classes. Il aurait pour mission de garantir et de réglementer la coopération sociale, dans l'intérêt de tous ; d'assurer les services publics d'importance générale ; de défendre la société contre d'éventuelles tentatives visant à rétablir le privilège, de prévenir ce qui peut attenter à la vie, au bien-être et à la liberté de chacun et d'en réprimer les auteurs, quels qu'ils soient.

Il y a dans la société des fonctions qui sont trop importantes et qui exigent trop de constance, trop de régularité, pour qu'elles puissent être laissées à la libre volonté des individus sans qu'il y ait de risque que tout s'en aille à vau-l'eau.

S'il n'y a pas de gouvernement, qui organiserait et qui garantirait le bon fonctionnement de ces services : l'approvisionnement, la distribution, la santé, la poste, le télégraphe, les chemins de fer, etc.? Qui veillerait à l'instruction du peuple ? Qui entreprendrait les grands travaux qui changent la face de la terre et multiplient les forces de l'homme : les explorations, les assainissements, les grandes entreprises scientifiques ?

Qui veillerait à ce que le capital social soit conservé et augmenté afin de le léguer enrichi et amélioré à l'humanité à venir ?

Qui empêcherait que les forêts soient dévastées et le sol exploité de façon irrationnelle et donc appauvri ?

Qui serait mandaté pour prévenir et réprimer les crimes, autrement dit les actes antisociaux ?

Et ceux qui manqueraient à la loi de solidarité en ne voulant pas travailler ? Et ceux qui causeraient une épidémie dans tout le pays en refusant de se soumettre aux règles d'hygiène que la science reconnaît utiles ? Et si jamais certains voulaient, dans leur folie ou sans être fous, brûler les récoltes, violer les enfants, abuser de leur force physique envers les plus faibles qu'eux ?

Détruire la propriété individuelle et abolir les gouvernements qui existent actuellement sans mettre sur pied un nouveau gouvernement qui organiserait la vie collective et garantirait la solidarité, sociale, ce ne serait pas abolir les privilèges ; ce ne serait pas apporter au monde la paix ni le bien-être : ce serait briser tout lien social, ramener l'humanité à la barbarie et au règne du chacun pour soi qui est le triomphe d'abord de la force brutale et ensuite du privilège économique.

Telles sont les objections que nous font les autoritaires, même quand ils sont socialistes, autrement dit des gens qui veulent abolir la propriété individuelle et le gouvernement de classe qui en découle.

Répondons à ces objections.

Tout d'abord, il n'est pas vrai que la nature et le rôle du gouvernement changeraient si les conditions sociales étaient changées. L'organe et la fonction sont des données inséparables. Otez sa fonction à un organe : l'organe meurt, ou bien sa fonction se reconstitue. Faites entrer une armée dans un pays où il n'y ait aucune cause de guerre, intestine ou avec l'extérieur, ni aucune peur à ce sujet : l'armée provoquera la guerre ou elle se dispersera si elle n'y arrive pas. Là où il n'y aurait ni crimes à découvrir ni délinquants à arrêter, une police provoquera et inventera crimes et délinquants ou bien elle disparaîtra.

Il existe en France, depuis des siècles, une institution rattachée aujourd'hui à l'administration des eaux et forêts, la Louveterie2, dont les fonctionnaires sont chargés de veiller à la destruction des loups et autres bêtes nuisibles. Personne ne s'étonnera d'apprendre que s'il y a encore des loups en France qui font des dégâts importants au moment des grands froids, c'est précisément à cause de cette institution. Les gens ne s'occupent guère des loups, puisque les louvetiers sont là pour y penser ; et les louvetiers font bien la chasse aux loups, mais ils la font de façon intelligente : pour ne pas risquer de faire disparaître une espèce aussi intéressante, ils ne touchent pas aux endroits où se fait la reproduction, afin de lui donner le temps de se faire. Et de fait, les paysans français ont une confiance très limitée en ces louvetiers et les considèrent plutôt comme des gardiens des loups dont ils assurent la conservation de l'espèce. Ce qui se comprend très bien : que feraient les "lieutenants de louveterie" s'il n'y avait plus de loups ?

Le gouvernement, c'est un certain nombre de personnes chargées de faire les lois et habilitées à se servir de la force de tous pour obliger chacun à les respecter : il constitue déjà, de ce fait, une classe privilégiée et séparée du peuple. Comme tout corps constitué, il cherchera instinctivement à élargir ses attributions, à se soustraire au contrôle du peuple, à imposer ses propres tendances et à faire prédominer ses propres intérêts particuliers. Placé dans une situation privilégiée, le gouvernement se trouve déjà en antagonisme avec la masse, dont il détourne la force pour en disposer.

D'ailleurs, même s'il le voulait, un gouvernement ne pourrait pas contenter tout le monde, à supposer qu'il arrive à en contenter quelques-uns. Il lui faudrait se défendre contre les mécontents et donc co-intéresser une partie du peuple pour en obtenir l'appui. Et ce serait à nouveau la vieille histoire de la classe privilégiée qui se constitue avec la complicité du gouvernement et qui, cette fois, ne s'emparerait pas de la terre mais accaparerait sans aucun doute des situations de faveur, tout spécialement créées pour elle, et qui n'oppresserait et n'exploiterait pas moins que la classe capitaliste.

Habitués comme ils le sont à commander, les gouvernants entendraient bien ne pas retourner à l'anonymat de la foule et au cas où ils ne pourraient pas garder le pouvoir en mains propres, ils s'assureraient au moins des positions privilégiées en prévision du moment où il leur faudrait le faire passer en d'autres mains. Ils utiliseraient tous les moyens dont dispose le pouvoir pour que ce soient leurs amis à eux qui soient élus pour leur succéder, afin d'être appuyés et protégés par eux, à leur tour. Ainsi le gouvernement passerait et repasserait dans les mêmes mains et la démocratie, ou prétendu gouvernement de tous, finirait comme toujours en oligarchie, gouvernement d'un petit nombre, gouvernement d'une classe.

Et quelle oligarchie toute-puissante, oppressive et dévoreuse celle qui aurait à sa charge, c'est-à-dire à sa disposition, tout le capital social, tous les services publics, depuis l'approvisionnement jusqu'à la fabrication des allumettes, depuis l'université jusqu'au théâtre d'opérette !!!

Supposons maintenant que le gouvernement ne constitue pas déjà en lui-même une classe privilégiée ; supposons qu'il puisse vivre sans créer autour de lui une classe nouvelle de privilégiés et en restant le représentant, le serviteur si l'on veut, de toute la société. A quoi servirait-il donc ? En quoi et comment pourrait-il accroître la force, l'intelligence, l'esprit de solidarité, le souci du bien-être de tous et de l'humanité future qui se trouvent exister à un moment donné dans une société donnée ?

C'est toujours cette vieille histoire de l'homme aux deux jambes attachées qui a réussi à vivre malgré ses chaînes et qui s'imagine que s'il vit, c'est grâce à elles. Nous sommes habitués à vivre sous un gouvernement qui accapare toutes les forces, toutes les intelligences et toutes les volontés qu'il peut orienter vers ses fins à lui ; et qui entrave, paralyse, supprime toutes celles qui ne lui sont pas utiles ou qui lui sont hostiles ; et nous nous imaginons que tout ce qui se fait dans la société se fait grâce au gouvernement et que s'il n'y avait plus de gouvernement, il n'y aurait plus dans la société ni force, ni intelligence, ni bonne volonté. De la même façon, comme nous l'avons déjà dit, le propriétaire qui s'est emparé de la terre la fait cultiver à son profit particulier, en ne laissant au travailleur que le strict nécessaire pour qu'il puisse et veuille continuer à travailler ; et le travailleur asservi s'imagine que, sans le patron, il ne pourrait pas vivre, comme si c'était le patron qui créait la terre et les forces de la nature.

Qu'est-ce que le gouvernement peut bien apporter en lui-même aux forces morales et matérielles qui existent dans telle ou telle société ? Est-ce que, par hasard, il serait comme le Dieu de la Bible qui crée à partir du néant ?

De même que rien ne se crée dans le monde qu'on appelle généralement matériel, rien ne se crée non plus dans cette forme plus compliquée du monde matériel qu'est le monde social. C'est pourquoi les gouvernants ne peuvent disposer que des forces qui existent dans la société, moins toutes celles que l'action gouvernementale paralyse et détruit - et elles sont très nombreuses -, moins les forces rebelles, et moins encore toutes celles qui se consument dans les heurts provoqués par un mécanisme aussi artificiel et qui sont nécessairement très nombreuses. Si jamais ils apportent en eux-mêmes quelque chose, c'est en tant qu'hommes, et non pas en tant que gouvernants qu'ils peuvent le faire. Et ce n'est qu'une partie extrêmement réduite de toutes les forces matérielles et morales à disposition du gouvernement qui est destinée à quelque chose de réellement utile à la société. Tout le reste est consumé dans des activités de répression pour tenir en bride les forces rebelles, ou bien détourné de ce but qu'est l'intérêt commun pour être utilisé au bénéfice d'un petit nombre et au préjudice de la majorité des hommes.

Quelle est la part respective de l'initiative individuelle et de l'action sociale dans la vie et dans le progrès de la société humaine ? On a tenu là-dessus de grands discours tant et si bien que grâce aux artifices habituels du langage métaphysique, on est arrivé à tout embrouiller : affirmer comme certains le font que c'est grâce à l'initiative individuelle que le monde des hommes peut fonctionner, c'est passer désormais pour audacieux. Alors que c'est là une vérité de bon sens, qui apparaît comme évidente dès qu'on cherche à savoir ce que les mots signifient. Ce qui existe réellement, c'est l'homme, c'est l'individu : la société ou collectivité - et l'Etat ou gouvernement qui prétend la représenter - ne peuvent être que des abstractions vides si elles ne sont pas des ensembles d'individus. C'est de l'organisme de chaque individu que tirent nécessairement leur origine toutes les pensées et tous les actes des hommes, pensées et actes qui d'individuels deviennent collectifs quand ils sont ou deviennent communs à beaucoup d'individus. L'action sociale n'est donc ni la négation, ni le complément de l'initiative individuelle : elle est la résultante des initiatives, des pensées et des actions de tous les individus qui composent la société ; résultante qui, toutes choses égales par ailleurs, est plus ou moins grande selon que les forces de chacun concourent toutes au même but, ou divergent et s'opposent. Et si, au contraire, on entend par action sociale l'action du gouvernement, comme le font les autoritaires, elle est bien encore la résultante de forces individuelles, mais seulement de celles des individus qui font partie du gouvernement ou qui sont en position d'influer sur la conduite du gouvernement.

Dans la lutte séculaire entre la liberté et l'autorité, ou en d'autres termes entre le socialisme et l'État de classe, la question n'est donc pas vraiment de modifier les rapports entre la société et l'individu ; la question n'est pas d'accroître l'indépendance individuelle aux dépens de l'ingérence de la société, ou celle-ci aux dépens de celle-là. Il s'agit plutôt d'empêcher que quelques individus puissent opprimer les autres ; de donner les mêmes droits et les mêmes moyens d'action à tous les individus ; et d'en finir avec la seule initiative d'un petit nombre qui entraîne nécessairement l'oppression de tous les autres. En somme, il s'agit encore et toujours de détruire la domination et l'exploitation de l'homme par l'homme, de façon à ce que tous soient intéressés au bien-être commun et qu'au lieu d'être supprimées, ou de se combattre et de s'éliminer tour à tour, les forces individuelles trouvent la possibilité de se développer totalement et de s'associer les unes aux autres pour le plus grand profit de tous.

Il résulte de tout ce que nous avons dit que l'existence d'un gouvernement - serait-ce même le gouvernement idéal des socialistes autoritaires, pour poursuivre notre hypothèse - serait bien loin de produire une augmentation des forces productives, des forces d'organisation et de protection de la société. Au contraire, elle les amoindrirait terriblement en restreignant l'initiative à un petit nombre et en donnant à ce petit nombre le droit de tout faire, sans pour autant leur donner le don de tout savoir, naturellement, ce qui n'est pas en son pouvoir.

Et, de fait, si vous enlevez de la législation et de ce qui est l'oeuvre d'un gouvernement tout ce qui est destiné à défendre les privilégiés et qui représente la volonté de ces mêmes privilégiés, que reste-t-il sinon le résultat de l'activité de tous ? Comme disait Sismondi, " L'Etat est toujours un pouvoir conservateur qui authentifie, régularise, organise les conquêtes du progrès (et l'Histoire montre encore qu'il les dirige à son propre profit et au profit de la classe privilégiée - note de Malatesta) mais ne les inaugure jamais. Elles ont toujours leur origine dans le bas. Elles naissent dans le fond de la société, de la pensée individuelle, qui se divulgue ensuite, devient opinion, majorité, mais doit toujours rencontrer sur ses pas et combattre dans les pouvoirs constitués la tradition, l'habitude, le privilège et l'erreur. "

Du reste, pour comprendre comment une société peut vivre sans gouvernement, il suffit d'observer un peu en profondeur ce qui se passe dans la société telle qu'elle est aujourd'hui. On y verra qu'en réalité la plus grande partie, la partie essentielle de la vie sociale s'accomplit même aujourd'hui en dehors de l'intervention du gouvernement ; que le gouvernement n'intervient que pour exploiter les masses et défendre les privilégiés et que, pour le reste, il ne fait qu'entériner, bien inutilement, tout ce qui se fait sans lui, et souvent malgré lui et contre lui. Les hommes travaillent, procèdent aux échanges, étudient, voyagent, suivent comme ils l'entendent les règles de la morale et de l'hygiène, profitent des progrès de la science et de l'art, entretiennent entre eux une infinité de rapports, sans ressentir le besoin que quiconque leur impose la façon de se conduire. Au contraire, c'est précisément là où il n'y a pas ingérence du gouvernement que les choses vont le mieux, qu'elles prêtent le moins à contestation et qu'elles s'arrangent, par la volonté de tous, de façon à ce que tous y trouvent leur utilité et leur plaisir.

Le gouvernement n'est pas davantage nécessaire aux grandes entreprises ni aux services publics qui requièrent le concours régulier d'un grand nombre de personnes de pays et de condition différents. Des milliers de ces entreprises sont, aujourd'hui même, le fait d'associations privées librement constituées et, de l'aveu même de tous, ce sont celles qui réussissent le mieux. Sans parler des associations de capitalistes ; bien qu'organisées dans le but d'exploiter, elles démontrent assez combien la libre association est possible et puissante, et comment elle peut aller jusqu'à concerner des gens de tous les pays et des intérêts aussi innombrables que variés. Parlons plutôt de ces associations qui s'inspirent de l'amour pour les autres, nos semblables, ou de la passion de la science, ou encore du désir simplement de se divertir ou de se faire applaudir : ce sont elles qui préfigurent le mieux ce que seront les groupements dans une société où la propriété individuelle ayant été abolie et où la lutte intestine entre les hommes n'existant plus, chacun trouvera son intérêt dans l'intérêt de tous et sa plus grande satisfaction à faire le bien et à faire plaisir aux autres. Les sociétés et les congrès scientifiques, l'Association Internationale de Sauvetage, l'association de la Croix-Rouge, les sociétés géographiques, les organisations ouvrières, les corps de volontaires qui organisent rapidement les secours dans les grandes catastrophes publiques, voilà quelques exemples, entre des milliers d'autres, de cette puissance de l'esprit d'association, lequel se manifeste toujours lorsqu'il s'agit d'un besoin ou d'une passion réellement ressenti et que les moyens ne manquent pas. Si l'association volontaire ne recouvre pas le monde entier et si elle n'embrasse pas toutes les branches de l'activité matérielle et morale, c'est à cause des obstacles qu'y mettent les gouvernements, à cause des antagonismes que crée la propriété privée, à cause de cette impuissance et de cet avilissement auxquels l'accaparement des richesses par un petit nombre réduit la grande majorité des hommes.

Le gouvernement se charge, par exemple, du service des postes, des chemins de fer, etc. Mais en quoi aide-t-il réellement au bon fonctionnement de ces services ? Quand le peuple est mis en mesure d'en bénéficier et qu'il ressent le besoin des services en question, il pense à les organiser et les techniciens n'ont pas besoin d'un brevet du gouvernement pour se mettre au travail. Et plus le besoin est général et urgent, plus il y aura de volontaires pour s'en occuper. Si le peuple avait la possibilité de penser lui-même à la production et à l'alimentation, n'ayez aucune crainte ! , il ne se laisserait pas mourir de faim en attendant qu'un gouvernement ait fait des lois là-dessus. S'il devait y avoir un gouvernement, là encore il serait tout simplement obligé d'attendre que le peuple ait tout organisé pour venir ensuite, avec ses lois, entériner et exploiter ce qui a déjà été fait. Il est démontré que le grand moteur de toutes les activités, c'est l'intérêt personnel : eh bien, quand l'intérêt de tous sera l'intérêt de chacun (et il le sera nécessairement si la propriété individuelle n'existe pas), tous agiront et ce qui se fait aujourd'hui bien que n'intéressant qu'un petit nombre se fera d'autant plus et d'autant mieux que tous seront concernés. Si bien qu'on a peine à comprendre pourquoi certains croient que le bon fonctionnement des services publics indispensables à la vie sociale sera mieux assuré s'il se fait sous les ordres d'un gouvernement, plutôt que directement par les travailleurs ayant, par libre choix personnel ou sur la base d'accords pris avec d'autres, choisi ce genre de travail et l'exécutant sous le contrôle immédiat de tous les intéressés.

Il ne fait aucun doute que, pour tout grand travail collectif, il faut une division du travail, une direction technique, une administration, etc. Mais les autoritaires jouent vraiment un peu trop sur les mots quand ils voient dans la nécessité bien réelle d'organiser le travail la raison d'être du gouvernement. Le gouvernement - il est bon de le répéter - c'est l'ensemble des individus qui ont reçu ou qui se sont donnés le droit et les moyens de faire les lois et de forcer les gens à obéir ; l'administrateur, l'ingénieur, etc., sont au contraire des hommes qui sont chargés de faire un certain travail ou qui s'engagent à le faire et qui le font. Gouvernement, cela veut dire délégation du pouvoir, c'est-à-dire abdication de l'initiative et de la souveraineté de tous dans les mains d'un petit nombre ; administration, cela veut dire délégation de travail, c'est-à-dire charge qui a été donnée et acceptée, échange libre de services fondé sur des accords libres. Le gouvernement est un privilégié : il a le droit de commander aux autres et de se servir des forces des autres pour faire triompher ses propres idées et ses propres désirs particuliers ; l'administrateur, le directeur technique, etc., sont des travailleurs comme les autres quand il s'agit, bien sûr, d'une société où tous ont des moyens égaux de se développer, ou tous sont ou peuvent être en même temps des travailleurs intellectuels et des travailleurs manuels, où les seules différences qui subsistent entre les hommes sont celles qui découlent de la diversité naturelle des aptitudes et où tous les genres de travail et de fonction donnent un droit égal à jouir des avantages sociaux. Il ne faut pas confondre le rôle qui est celui du gouvernement et le rôle d'administration des choses : ils sont fondamentalement différents et si, aujourd'hui, ils se trouvent souvent confondus, c'est à cause du privilège économique et politique.

Venons-en immédiatement à ces rôles du gouvernement qui font que tous ceux qui ne sont pas anarchistes l'estiment vraiment indispensable : assurer la défense interne et externe d'une société, autrement dit la guerre, la police et la justice.

Quand les gouvernements seront abolis et que la richesse sociale sera mise à la disposition de tous, tous les antagonismes entre les différents peuples disparaîtront rapidement et la guerre n'aura plus de raison d'être. Ajoutons que le monde étant ce qu'il est aujourd'hui, si la révolution se fait et qu'elle n'éveille pas un écho immédiat, elle suscitera certainement partout assez de sympathie pour qu'aucun gouvernement étranger à ce pays n'ose faire marcher ses troupes contre elle, au risque de se retrouver avec une révolution chez lui. Admettons cependant que les gouvernements de pays non encore émancipés veuillent et puissent tenter de rejeter dans l'esclavage un peuple libre : est-ce que ce peuple libre aura besoin d'un gouvernement pour le défendre ? Pour faire la guerre il faut des hommes qui aient les connaissances géographiques et techniques nécessaires et, surtout, des masses qui veuillent se battre. Un gouvernement ne peut ni augmenter les capacités des premiers, ni la volonté et le courage des autres. L'expérience historique montre qu'un peuple qui veut vraiment défendre son propre pays est invincible ; et en Italie, tout le monde sait bien comment, devant les corps de volontaires (formation anarchiste), des trônes se sont écroulés et les armées régulières, composées d'hommes enrôlés de force ou soudoyés, s'évanouissent.

Et la police ? Et la justice ? Beaucoup s'imaginent que s'il n'y avait pas de carabiniers, de policiers, de juges, chacun serait libre de tuer, de violer, de nuire aux autres, à sa fantaisie ; et ils s'imaginent aussi que, au nom de leurs principes, les anarchistes voudraient voir respecter cette étrange liberté qui viole et détruit la liberté et la vie des autres. Ils vont presque jusqu'à s'imaginer qu'une fois abattus le gouvernement et la propriété individuelle, nous les laisserons tranquillement se reconstituer, l'un comme l'autre, pour respecter la liberté de ceux qui ressentiraient le besoin d'être des gouvernants et des propriétaires. Bizarre façon, vraiment, de comprendre nos idées!... Il est vrai que cela permet plus facilement de s'épargner la peine de les réfuter : un haussement d'épaules y suffit.

La liberté que nous voulons, pour nous et pour les autres, ce n'est pas la liberté absolue, abstraite, métaphysique qui, dans la pratique, se traduit fatalement par l'oppression du plus faible. C'est la liberté réelle, la liberté qui est possible : celle qui est la communauté consciente des intérêts, la solidarité volontaire. Si nous proclamons cette maxime : FAIS CE QUE TU VEUX, et si nous résumons en elle tout notre programme, c'est parce que nous estimons que, dans une société harmonique, une société sans gouvernement et sans propriété, chacun VOUDRA CE QU'IL DEVRA VOULOIR, ce n'est pas très difficile à comprendre.

Mais si jamais quelqu'un voulait nous faire du mal et faire du mal aux autres, que ce soit à cause de l'éducation qu'il a reçue dans la société actuelle, à cause de problèmes de santé, ou pour toute autre raison, on peut être certain que nous ferions tout pour l'en empêcher, par tous les moyens dont nous disposerions. Nous savons fort bien que l'homme est la conséquence de son propre organisme et du milieu cosmique et social dans lequel il vit ; nous ne confondons pas le droit sacré de se défendre et le prétendu droit de punir qui est absurde ; dans le délinquant, c'est-à-dire dans celui qui commet des actes antisociaux, nous ne verrions pas l'esclave révolté, comme le fait le juge aujourd'hui, mais un frère malade ayant besoin de soins. De la même façon, nous ne mettrions aucune haine dans la répression, nous nous efforcerions de ne pas outrepasser la nécessité qu'il y aurait à se défendre et nous ne penserions pas à nous venger mais à soigner, à aider le malheureux par tous les moyens que la science pourrait nous offrir. De toute façon, quoi qu'en penseraient les anarchistes auxquels il peut arriver, comme à tous les théoriciens, de perdre de vue la réalité pour courir droit vers un semblant de logique, il est certain que le peuple entendrait bien ne pas laisser attenter impunément à son bien-être ni à sa liberté et que, si la nécessité s'en faisait sentir, il s'occuperait lui-même de se défendre contre les tendances antisociales de certains. Mais pour cela, à quoi bon des gens qui font métier de faire les lois ?

A quoi bon aussi ceux qui recherchent et inventent des

contrevenants aux lois parce que cela leur permet de vivre ? Le peuple arrive toujours à empêcher ce que vraiment il réprouve et estime nocif, mieux que tous les législateurs, sbires et juges de métier. Quand dans les insurrections, le peuple a voulu faire respecter la propriété privée - bien à tort -, il l'a fait respecter mieux que n'aurait pu le faire toute une armée de policiers.

Les coutumes suivent toujours les besoins et les sentiments de l'ensemble des gens ; et elles sont d'autant plus respectées qu'elles sont moins soumises à l'approbation des lois, parce qu'alors tous en voient et en comprennent l'utilité et que les intéressés, ne se faisant aucune illusion sur la protection que peut apporter le gouvernement, pensent eux-mêmes à les faire respecter. Pour une caravane qui traverse les déserts d'Afrique, économiser l'eau est une question de vie ou de mort : l'eau devient, dans ce cas, quelque chose de sacré, et personne ne se permet de la gaspiller. Le secret est nécessaire aux conspirateurs : il est gardé, ou celui qui le viole est frappé d'infamie. Les dettes de jeu ne sont pas garanties par la loi : celui qui ne les paie pas est considéré par les autres joueurs et se considère lui-même comme déshonoré.

Est-ce que par hasard ce serait à cause des gendarmes qu'on ne tue pas plus que ce n'est le cas ? La plus grande partie des communes, en Italie, ne voient les gendarmes que de loin en loin ; des millions d'hommes vont par monts et par vaux, loin de l'oeil tutélaire de l'autorité, de sorte qu'on pourrait les attaquer sans courir le moindre risque d'être châtié : ils n'en sont pas pour autant moins en sécurité que ceux qui vivent dans des centres plus surveillés. La statistique montre que le nombre des délits accuse à peine l'effet des mesures de répression alors qu'il se modifie rapidement si les conditions économiques et l'état de l'opinion publique se modifient.

Du reste, les lois qui punissent ne concernent que les faits qui sortent de l'ordinaire, les faits exceptionnels. La vie quotidienne, elle, se déroule hors de la portée du code pénal ; ce qui la régit, presque sans qu'elle en ait conscience, par accord tacite et volontaire de tous, c'est un grand nombre d'us et coutumes, bien plus importants pour la vie sociale que les articles du code pénal et mieux respectés, quoique complètement exempts de toute sanction autre que cette sanction naturelle : le manque d'estime qu'encourent ceux qui violent ces us et coutumes et les conséquences qu'entraîne, pour eux, ce manque d'estime.

Et en cas de contestations, l'arbitrage volontairement accepté, ou la pression de l'opinion publique, ne serait-ce pas là un moyen plus apte à donner raison à celui qui a effectivement raison plutôt qu'une magistrature irresponsable ayant le droit de juger tout et tout le monde, et nécessairement incompétente donc injuste ?

De même que le gouvernement ne sert en général qu'à protéger les classes privilégiées, de même la police et la magistrature ne servent qu'à réprimer ces délits que le peuple ne considère pas comme des délits : ceux qui heurtent les privilèges du gouvernement et des propriétaires. Pour une véritable défense sociale, pour défendre le bien-être et la liberté de tous, rien n'est plus pernicieux que l'existence de ces classes que le prétexte de défendre tout le monde fait vivre, qui s'habituent à voir en tout un chacun un gibier à mettre en cage et qui vous frappent sans savoir pourquoi, sur l'ordre d'un chef, comme des tueurs à gages inconscients.

Certains nous disent : Soit ; l'anarchie est peut-être bien une forme parfaite de vie en commun, mais nous, nous ne voulons pas nous lancer à l'aveuglette. Alors dîtes-nous en détail comment sera organisée votre société. Et les voilà qui posent toute une série de questions, très intéressantes s'il s'agit d'étudier les problèmes qui se poseront forcément dans une société émancipée, mais inutiles, absurdes ou ridicules si on prétend en obtenir de nous une solution définitive. Quelles seront les méthodes pour éduquer les enfants ? Comment sera organisée la production ? Y aura-t-il encore des grandes villes ou la population sera-t-elle également répartie sur toute la surface du globe ? Et si tous les habitants de la Sibérie voulaient aller passer l'hiver à Nice ? Et si tout le monde voulait manger des perdrix et boire du Chianti ? Qui fera le métier de mineur, et celui de marin ? Qui videra les fosses d'aisance ? Les malades seront-ils soignés à leur domicile ou à l'hôpital ? Qui fixera les horaires de chemin de fer ? Qu'est-ce qui se passera si le mécanicien est pris de colique quand le train roule ?... Et tout à l'avenant : on attend de nous que nous possédions toute la science et l'expérience de ce qui se passera dans l'avenir et qu'au nom de l'anarchie, nous prescrivions aux hommes à venir à quelle heure ils doivent aller au lit et quels jours ils doivent se couper les cors aux pieds !

Si à toutes ces questions, ou à celles d'entre elles du moins qui sont réellement sérieuses et importantes, ceux qui nous lisent attendent vraiment de nous une réponse qui soit plus que notre opinion personnelle du moment, cela veut dire que nous avons manqué notre but, qui est de leur expliquer ce qu'est l'anarchie.

Nous ne sommes pas plus prophètes que les autres ; et si jamais nous avions la prétention de donner une solution officielle à tous les problèmes qui se présenteront dans la vie de la société future, ce serait une façon vraiment étrange de comprendre l'abolition du gouvernement. Ce serait nous déclarer gouvernement et prescrire un code universel pour les hommes actuels et à venir, à la façon des législateurs de la religion.

Heureusement, nous n'aurions ni bûchers ni prisons pour imposer notre Bible, et l'humanité pourrait, en toute impunité, rire de nous et de nos prétentions !

Nous nous préoccupons beaucoup de tous les problèmes de la vie sociale, par intérêt pour la science et parce que nous comptons bien voir l'anarchie réalisée et concourir comme nous le pourrons à l'organisation de la société nouvelle. Nous avons donc nos solutions qui, selon les cas, nous semblent définitives ou provisoires, et nous en parlerions un peu si le manque d'espace ne nous l'interdisait pas. Mais le fait que nous pensions telle ou telle chose sur tel ou tel problème, à tel ou tel moment, en fonction des données que nous avons aujourd'hui, ne veut nullement dire que c'est ainsi que cela se fera dans l'avenir. Qui peut prévoir quelles activités prendront leur essor quand l'humanité se sera affranchie de la misère et de l'oppression ? Quand il n'y aura plus ni esclaves ni patrons et que la lutte contre les autres, avec les haines et les rancoeurs qui en découlent, ne sera plus une nécessité de la vie ? Qui peut prévoir les progrès de la science, les moyens nouveaux de production, de communication, etc.?

L'essentiel, c'est de constituer une société dans laquelle l'exploitation et la domination de l'homme par l'homme soient impossibles, où tous aient la libre disposition des moyens d'existence, de développement et de travail, où tous puissent concourir à l'organisation de la vie sociale comme ils l'entendent et comme ils le peuvent. Dans une telle société, tout sera nécessairement fait de façon à satisfaire au mieux les besoins de tous, étant donné les connaissances et les possibilités du moment ; et à mesure que les connaissances et les moyens augmenteront, tout se modifiera pour devenir meilleur encore.

Un programme qui touche aux bases mêmes de l'organisation sociale ne peut, au fond, qu'indiquer une méthode. Et c'est la méthode qui différencie avant tout les partis et qui décide de leur importance historique. Si on met à part la méthode, tous les partis disent vouloir le bien des hommes et beaucoup le veulent effectivement ; les partis disparaissent et, avec eux, toute action organisée et orientée vers un but déterminé. Il faut donc avant tout considérer l'anarchie comme une méthode.

On peut réduire à deux types les méthodes dont les partis non anarchistes attendent ou disent attendre le plus grand bien de chacun et de tous : la méthode autoritaire et la méthode prétendument libérale. La première confie à un petit nombre la direction de la vie sociale et aboutit à l'exploitation et à l'oppression de la masse par un petit nombre. La seconde s'en remet à la libre initiative des individus et proclame sinon l'abolition, du moins la limitation au minimum possible des attributions du gouvernement ; mais comme elle respecte la propriété individuelle et qu'elle repose entièrement sur le principe du chacun pour soi et donc de la rivalité entre les hommes, sa liberté n'est autre que la liberté des plus forts, des propriétaires : la liberté d'exploiter et d'opprimer les fiables, ceux qui n'ont rien, loin de produire l'harmonie, elle tend à creuser toujours plus la distance entre les riches et les pauvres et elle aboutit, elle aussi, à l'exploitation et à la domination, c'est-à-dire à l'autorité. Cette seconde méthode, c'est-à-dire le libéralisme, est en théorie une sorte d'anarchie sans socialisme ; c'est pourquoi elle n'est que mensonge, car la liberté n'est pas possible sans l'égalité et la véritable anarchie ne peut pas exister en dehors de la solidarité, en dehors du socialisme. Toute la critique que les libéraux font du gouvernement se limite à vouloir lui enlever un certain nombre d'attributions et à appeler les capitalistes à se les disputer. Elle ne peut pas attaquer le rôle répressif qui est l'essence même du gouvernement parce que, sans le gendarme, le propriétaire ne pourrait pas exister ; la capacité de réprimer du gouvernement doit même être continuellement augmentée, à mesure que la libre concurrence fait que la dysharmonie et l'inégalité augmentent.

La méthode des anarchistes est une méthode nouvelle : la libre initiative de tous et le libre accord après que la propriété individuelle ayant été révolutionnairement abolie, tous auront été également mis en mesure de disposer des richesses sociales. Cette méthode, qui ne laisse aucune chance à la propriété individuelle de se reconstituer, doit conduire au triomphe total du principe de solidarité, par la voie de la libre association.

Si on considère les choses ainsi, on voit que tous les problèmes qui sont mis en avant pour combattre les idées anarchistes apportent, au contraire, des arguments en faveur de l'anarchie, parce que c'est l'anarchie seule qui indique par quelle voie peuvent être trouvée expérimentalement les solutions qui répondent le mieux aux préceptes de la science et aux besoins et sentiments de tous.

Comment éduquera-t-on les enfants ? Nous ne le savons pas. Et après ? Les parents, les pédagogues et tous ceux qui s'intéressent au sort des nouvelles générations se réuniront, discuteront, seront d'accord ou d'avis très différents, et ils mettront en pratique les méthodes qu'ils croiront être les meilleures. Et, par la pratique, la méthode qui est effectivement la meilleure finira par triompher.

Et il en sera de même pour tous les problèmes qui se poseront.

Il résulte de tout ce que nous avons dit jusqu'ici que telle que l'entend le parti anarchiste - et elle ne peut être entendue autrement - l'anarchie est basée sur le socialisme. S'il n'y avait pas ces écoles socialistes qui scindent artificiellement l'unité naturelle de la question sociale et n'en prennent en considération qu'une partie séparée de l'ensemble ; s'il n'y avait pas toutes ces équivoques qui sont là pour tenter de rendre plus difficile la voie à la révolution sociale, nous pourrions même dire d'emblée que l'anarchie est synonyme de socialisme, les deux signifiant l'abolition de la domination et de l'exploitation de l'homme par l'homme, que cette domination et cette exploitation soient rendues possibles par la force des baïonnettes ou par l'accaparement des moyens d'existence.

Tout comme le socialisme, l'anarchie a pour base, pour point de départ l'égalité des conditions, qui est son milieu nécessaire ; son phare est la solidarité et sa méthode la liberté. Elle n'est pas la perfection ; elle n'est pas l'idéal absolu qui s'éloigne au fur et à mesure qu'on s'en approche, comme l'horizon : elle est la voie ouverte à tous les progrès, à tous les perfectionnements, réalisés dans l'intérêt de tous.

L'anarchie est le seul mode de vie en commun qui laisse ouverte la voie pour atteindre le plus grand bien possible des hommes, car elle seule détruit toute classe intéressée à maintenir la masse dans l'oppression et la misère. L'anarchie est possible, car elle ne fait en réalité que débarrasser l'humanité d'un obstacle, le gouvernement, contre lequel il lui a fallu sans cesse lutter pour poursuivre son chemin difficile et pour avancer. Ceci étant bien établi, les autoritaires sont poussés dans leurs derniers retranchements ; et là, ils reçoivent les renforts d'un bon nombre de ceux qui, bien qu'étant de chauds partisans de la liberté et de la justice, ont peur de la liberté et ne savent pas se décider à imaginer une humanité qui vivrait et irait son chemin sans tuteurs ni bergers ; et ceux-là, harcelés par la vérité, demandent piteusement que la chose soit remise à plus tard, le plus tard possible.

Voilà l'essentiel des arguments qu'on nous oppose, à ce stade de la discussion.

C'est sans doute un très bel idéal que cette société sans gouvernement, qui se régit sur la base de la coopération libre et volontaire, qui s'en remet en tout à l'action spontanée des intéressés et qui est tout entière fondée sur la solidarité et l'amour ; mais comme tous les idéaux, c'est un idéal qui reste dans les nuages. L'humanité que nous connaissons, nous, a toujours vécu divisée en opprimés et en oppresseurs ; et si ces derniers sont pleins de l'esprit de domination et ont tous les vices des tyrans, les opprimés sont rompus au servilisme et ils ont tous les vices que produit l'esclavage, et qui sont encore pires. Le sentiment de la solidarité est loin d'être dominant chez les hommes d'aujourd'hui, et s'il est vrai que les hommes sont et deviennent toujours plus solidaires les uns des autres, il n'en reste pas moins vrai que ce qui se voit le plus et ce qui laisse l'empreinte la plus profonde sur le caractère des hommes, c'est la lutte pour l'existence que chacun mène quotidiennement contre tous, c'est la rivalité qui harcèle tout le monde, ouvriers et patrons, et qui fait que l'homme est un loup pour l'homme. Elevés dans une société basée sur l'antagonisme des classes et des individus, comment les hommes pourraient-ils donc se transformer d'un seul coup et devenir capables de vivre dans une société où chacun fera ce qu'il voudra et devra vouloir le bien des autres, sans coercition externe, sous la seule impulsion de sa propre nature ? Où trouverez-vous le courage, le bon sens de confier le sort de la révolution, le sort de l'humanité à une populace ignorante, anémiée par la misère, abrutie par le prêtre, qui peut être aujourd'hui férocement sanguinaire et se fera demain grossièrement berner par un petit malin ou s'écrasera servilement sous la botte du premier militaire qui osera parler en maître ? Ne sera-t-il pas plus prudent de se rapprocher de l'idéal anarchiste en passant par l'étape d'une république démocratique ou socialiste ? Ne faudra-t-il pas un gouvernement composé des meilleurs pour éduquer, pour préparer les générations à leurs destinées futures ?

Si nous avions réussi à faire comprendre à ceux qui nous lisent tout ce que nous avons dit jusque là et à le leur faire accepter, ces objections-là non plus n'auraient aucune raison d'être, mais, quoi qu'il en soit, il est bon d'y répondre, même au risque de nous répéter.

Nous nous trouvons toujours confrontés à ce préjugé : le gouvernement est une force nouvelle, issue on ne sait d'où, qui ajoute par lui-même quelque chose à la somme des forces et des capacités de ceux qui le composent et de ceux qui lui obéissent. Mais c'est tout le contraire ; tout ce qui se fait au sein de l'humanité, ce sont les hommes qui le font ; et le gouvernement, lui, en tant que gouvernement, n'apporte qu'une seule chose qui soit sienne : sa tendance à faire de tout un monopole en faveur d'un certain parti et d'une certaine classe, et à résister à toute initiative qui naît en dehors de sa coterie.

Abolir l'autorité, abolir le gouvernement, cela ne veut pas dire détruire les forces individuelles et collectives qui agissent au sein de l'humanité, ni détruire les influences que les hommes exercent mutuellement les uns sur les autres: cela, ce serait réduire l'humanité à l'état d'une masse d'atomes coupés les uns des autres et inertes, ce qui est impossible et serait, si jamais c'était possible, la destruction de toute société, la mort de l'humanité. Abolir l'autorité, cela veut dire abolir le monopole de la force et de l'influence; abolir cet état de choses qui fait de la force sociale, autrement dit la force de tous, un instrument de la pensée, de la volonté, des intérêts d'un petit nombre d'individus qui, en utilisant la force de tous, suppriment la liberté de chacun à leur propre avantage et à l'avantage de leurs idées ; cela veut dire détruire un mode d'organisation sociale qui fait que, entre deux révolutions, l'avenir est accaparé au profit de ceux qui ont été les vainqueurs d'un moment.

Michel Bakounine écrivait en 1872 que les grands moyens d'action de l'Internationale étaient la propagande de ses idées et l'organisation de l'action naturelle de ses membres sur les masses, et il ajoutait : "A quiconque prétendrait qu'une action ainsi organisée serait un attentat contre la liberté des masses, une tentative de créer un nouveau pouvoir autoritaire, nous répondrons qu'il n'est qu'un sophiste et un sot. Tant pis pour ceux qui ignorent les lois naturelles et sociales de la solidarité humaine au point d'imaginer qu'une absolue indépendance mutuelle des individus et des masses soit une chose possible ou, au moins, durable.

"La désirer signifie vouloir la destruction de la société, puisque la vie sociale n'est autre chose que cette dépendance mutuelle, continuelle, des individus et des masses.

" Tous les individus, fussent-ils, les plus intelligents et les plus forts, bien plus, surtout s'ils sont les plus intelligents et les plus forts, en sont à chaque instant les producteurs et les produits. La liberté même de chaque individu n'est que la résultante, reproduite continuellement, de cette masse d'influences matérielles et morales exercée sur lui par tous les individus qui l'entourent, par la société au milieu de laquelle il naît, se développe et meurt. Vouloir échapper à cette influence au moyen d'une liberté transcendante, divine, absolument égoïste et suffisante à elle-même, est la tendance au non-être ; vouloir renoncer à l'exercer sur les autres signifie renoncer à toute action sociale, à l'expression même de ses pensées et de ses sentiments et se résout aussi dans le non-être. Cette indépendance tant louée par les idéalistes et les métaphysiciens et la liberté individuelle conçue en ce sens sont donc le néant.

"Dans la nature comme dans la société humaine, qui n'est autre chose que celle même nature, tout ce qui vit ne vit qu'à la condition suprême d'intervenir, de la manière la plus positive et aussi puissamment que sa nature le comporte, dans la vie des autres. L'abolition de cette influence mutuelle serait la mort, et quand nous revendiquons la liberté des masses, nous ne prétendons abolir aucune des influences naturelles que les individus ou les groupes d'individus exercent sur elles : ce que nous voulons, c'est l'abolition des influences artificielles, privilégiées, légales, officielles. "

Il est bien certain que dans l'état actuel de l'humanité où la grande majorité des hommes, opprimée par la misère et abrutie par la superstition, vit dans l'avilissement le plus complet, le sort de l'humanité dépend de l'action d'un nombre relativement restreint d'individus. Il est bien certain qu'on ne pourra pas du jour au lendemain faire en sorte que tous les hommes s'élèvent au point de sentir qu'il est de leur devoir d'agir en tout de façon à ce qu'il en découle pour les autres le plus grand bien possible, et d'y trouver leur plaisir. Mais si les forces pensantes et dirigeantes de l'humanité sont rares aujourd'hui, ce n'est pas une raison pour en paralyser encore une partie, ni pour en soumettre un grand nombre à un petit nombre d'entre elles. Ce n'est pas une raison pour organiser la société de façon à ce que les forces les plus vives et les capacités les plus réelles se retrouvent finalement en dehors du gouvernement et, pour ainsi dire, privées d'influence sur la vie sociale, à cause de l'inertie qu'entraîne le fait d'avoir une situation assurée, à cause de l'hérédité, du protectionnisme, de l'esprit de corps, et à cause de toute la mécanique gouvernementale. Quant à celles qui parviennent au gouvernement, se retrouvant coupées de leur propre milieu et intéressées avant tout autre chose à rester au pouvoir, elles perdent toute puissance d'action et ne servent qu'à faire obstacle aux autres.

Abolissez cette puissance négative qu'est le gouvernement et la société sera ce qu'elle pourra être étant donné les forces et les possibilités du moment, mais elle le sera pleinement. S'il y a des hommes instruits et désireux de répandre l'instruction, ils organiseront les écoles et s'efforceront de faire voir l'utilité et le plaisir qu'il y a à s'instruire. Et si ces hommes n'existaient pas, ou s'ils étaient peu nombreux, ce n'est pas un gouvernement qui pourrait les créer ; il ne pourrait que faire ce qu'il fait effectivement aujourd'hui : prendre ces hommes, les enlever à leur travail fécond, les mettre à rédiger des règlements que la police doit imposer, et d'enseignants intelligents et passionnés, en faire des hommes politiques, autrement dit des parasites inutiles, dont le seul souci est d'imposer leurs propres lubies et de se maintenir au pouvoir.

S'il y a des médecins et des hygiénistes, ils organiseront les services de la santé. Et s'il n'y en avait pas, ce n'est pas un gouvernement qui pourrait les créer : tout ce qu'il pourrait faire, c'est d'enlever tout crédit à ceux qui existent, étant donné les soupçons, bien trop justifiés, que le peuple nourrit contre tout ce qui lui est imposé, et les faire massacrer comme empoisonneurs quand ils iraient soigner le choléra.

S'il y a des ingénieurs, des mécaniciens, etc., ils organiseront les chemins de fer. Et s'il n'y en avait pas, là encore, ce n'est pas un gouvernement qui pourrait les créer.

En abolissant le gouvernement et la propriété individuelle, la révolution ne créera pas de forces qui n'existent pas. Mais elle laissera à toutes les forces et à toutes les capacités qui existent le champ libre pour se déployer ; elle détruira toute classe intéressée à maintenir les masses dans l'abrutissement ; et elle fera en sorte que chacun pourra agir et avoir une influence en proportion de ses capacités et conformément à ses passions et à ses intérêts.

Par ailleurs, si l'on veut un gouvernement qui ait pour tâche d'éduquer les masses et de les conduire à l'anarchie, il faut encore indiquer quelle sera l'origine d'un tel gouvernement et comment il sera formé.

Est-ce que ce sera la dictature des meilleurs ? Mais qui sont les meilleurs ? Et qui leur reconnaîtra cette qualité ? La majorité est d'ordinaire attachée à de vieux préjugés ; ses idées et ses instincts sont déjà dépassés par une minorité plus favorisée. Mais parmi ces milliers de minorités qui croient toutes avoir raison, et peuvent toutes avoir raison en partie, qui choisira, et sur quel critère, pour remettre la force sociale à la disposition de l'une d'entre elles, alors que seul l'avenir peut décider entre les parties qui s'affrontent ? Prenez cent partisans intelligents de la dictature et vous découvrirez que chacun d'entre eux pense qu'il devrait être, sinon le dictateur ou l'un des dictateurs, du moins très proche d'eux. Les dictateurs seraient donc ceux qui réussiraient à s'imposer par une voie ou par une autre ; et par les temps qui courent, on peut être absolument certain que toutes leurs forces seraient employées à se défendre des attaques de leurs adversaires et qu'ils oublieraient toute velléité d'éduquer, s'ils n'en avaient jamais eu.

Est-ce que sera, au contraire, un gouvernement élu au suffrage universel et qui émanerait donc, de façon plus ou moins exacte, des volontés de la majorité ? Mais si vous estimez ces braves électeurs incapables de s'occuper eux-mêmes de leurs propres intérêts, comment sauront-ils donc choisir les bergers qui doivent les guider ? Et comment pourront-ils donc résoudre ce problème d'alchimie sociale : faire jaillir l'élection d'un génie du vote d'une masse d'imbéciles ? Et que deviendront les minorités qui sont la partie la plus intelligente, la plus active, la plus avancée d'une société ?

Il n'y a qu'un moyen de résoudre le problème social au bénéfice de tous : chasser révolutionnairement le gouvernement, chasser révolutionnairement ceux qui détiennent la richesse sociale ; mettre tout à la disposition de tous et laisser que toutes les forces, toutes les capacités, toutes les bonnes volontés qui existent chez les hommes agissent pour répondre aux besoins de tous.

Nous luttons pour l'anarchie et pour le socialisme parce que nous pensons que l'anarchie et le socialisme doivent se réaliser immédiatement ; autrement dit nous pensons que, dans l'acte même de la révolution, il faut chasser le gouvernement, abolir la propriété et confier tous les services publics - l'ensemble de la vie sociale, dans ce cas-là - à l'action spontanée, libre, non officielle ni autorisée de tous les intéressés et de tous les volontaires.

Il y aura certainement des difficultés et des inconvénients ; mais ils trouveront leur solution et ils ne pourront la trouver qu'anarchiquement, c'est-à-dire grâce à l'action directe des intéressés et aux libres accords.

Nous ne savons pas si la prochaine révolution verra le triomphe de l'anarchie et du socialisme ; mais ce qui est certain, c'est que si des programmes prétendus de compromis devaient triompher, ce serait parce que nous aurions été vaincus, cette fois, et non pas parce que nous aurions cru utile de laisser en vie une partie de ce système mauvais sous lequel l'humanité gémit.

Nous aurons en tout cas, sur les événements, l'influence que nous donneront notre nombre, notre énergie, notre intelligence et notre intransigeance. Même si nous devions être vaincus, notre travail n'aura pas été inutile parce que plus nous aurons été décidés à mettre en oeuvre l'ensemble de notre programme et moins il y aura de propriété et de gouvernement dans la société nouvelle. Et nous aurons fait un grand travail parce que le progrès humain se mesure précisément en fonction de la diminution du gouvernement et de la diminution de la propriété privée.

Et si aujourd'hui nous tombions sans renier notre drapeau, nous pouvons être certains de la victoire pour demain.

E. Malatesta

Copyright © 2021 par FV Éditions
Cover Design : Canva.com
ISBN Ebook : 979-10-299-1136-1
ISBN Livre broché : 979-10-299-1137-8
ISBN Livre relié : 979-10-299-1138-5
Tous Droits Réservés

Également Disponible

www.ingramcontent.com/pod-product-compliance
Lightning Source LLC
LaVergne TN
LVHW041623070526
838199LV00052B/3227